СТО ЧАСОВ НОЧИ

Анна Вольтц

Сто часов ночи

поляндрия
издательский дом

2021

УДК 821.112.5-31-93
ББК 84(4Нид)-44
В71

Honderd uur nacht
Anna Woltz

Перевела с нидерландского Ирина Лейк

Издатель выражает благодарность Нидерландскому фонду поддержки литературных изданий и переводов.

Nederlands letterenfonds
dutch foundation for literature

Вольтц, Анна.
В71 Сто часов ночи / Анна Вольтц ; перевод с нидерландского: Ирина Лейк. — Санкт-Петербург : Поляндрия Принт, 2021. — 255 с.

ISBN 978-5-6045048-7-1

ISBN 978-5-6045048-7-1

We hold these truths to be self-evident, that all men are created equal, that they are endowed by their Creator with certain unalienable Rights, that among these are Life, Liberty and the pursuit of Happiness*.

Декларация независимости США,
4 июля 1776

* Мы считаем самоочевидными истинами, что все люди равны по рождению, что они наделены Творцом определёнными и неотчуждаемыми правами, в частности правом на жизнь, свободу и стремление к счастью (*англ.*).

Так это я — грязный скандал, который набирает в интернете бешеные обороты?

Интересно, поверят на американской границе в сказочку, которую я собираюсь им наплести?

Или у меня есть своя история?

Я не знаю.

Мне четырнадцать. Мой отец носит вельветовые брюки и больше всего на свете любит смотреть на звёзды. И да, чуть не забыла, в прошлый вторник мой мир из-за него разлетелся ко всем чертям. Моя мать — Нора Квин. Она родилась в Ирландии и иногда говорит со мной по-английски.

На самом деле я хотела сказать: она иногда со мной говорит. И всегда по-английски.

Её картины висят в музеях по всему миру, и если ей взбредёт в голову снять с себя всю одежду и голышом начать работу над новым произведением прямо у нас на крыше, то именно так она и сделает.

Я — их дочь. Это всегда было моей историей.

А теперь у меня ничего не осталось.

1

Кроме меня, никто во всём мире не знает, что я собираюсь сегодня сделать. Конечно, если хватит смелости.

Мои сапоги смирно стоят в ожидании на гладком полу аэропорта. Когда кто-нибудь смотрит в мою сторону, моё сердце на минуту замирает. Вдруг эти люди видели меня в интернете? Вдруг они меня узнали? И сейчас начнут орать и обругают последними словами?

Но ничего не происходило. Люди в зале вылета смотрели сквозь меня. Да, вчера они прочитали новость о моём гадком папаше, а сегодня собрались в путешествие. Они тащили за собой чемоданы и орущих детей и уже забыли о своих соцсетях.

Но я ещё не забыла их угрозы.

Моё дыхание участилось во вторник вечером и до сих пор не успокаивалось. У меня постоянно сохнет во рту. А где-то в голове не переставая звонит тревожный колокольчик. «Опасность, — говорит он. — Убегай отсюда. Беги!»

Я делаю вид, что нет ничего странного в том, что я совсем одна в огромном аэропорту. Над головой сменяются надписи на информационном табло, я чувствую рядом запах мужского пота, мимо в пластиковой клетке катят собаку размером с телёнка.

Каждые тридцать секунд я хватаюсь за сумку, потому что я хочу достать телефон, — но каждый раз останавливаюсь на полпути. Я выключила мобильник, впервые в жизни.

Я заранее достала паспорт и листала бледные странички без единого штампа. На странице с фотографией я остановилась. Я не люблю смотреть на собственные снимки. Волосы слишком прямые, глаза слишком большие, лицо слишком белое. У меня вечно такой вид, будто я пытаюсь раствориться в пространстве.

Но с этой фотографией в паспорте всё по-другому: её сделали три года назад, когда я ещё ходила в начальную школу. У меня пока не перепуганный вид, и вообще, я выгляжу так, будто я в полнейшем восторге от перспективы всей моей будущей жизни. Тогда мне было одиннадцать и я выращивала микросалат в яичной скорлупе.

Так вот, я больше не та девочка.

Рядом с фотографией в паспорте стоит моё имя: Эмилия Десембер де Вит. Серьёзно, меня так зовут.

Это второе имя придумала моя мать. И даже когда я немного подзадержалась и родилась только второго января, ей показалось, что это прекрасная идея — назвать ребёнка Декабрь.

Мой отец тогда вполне мог сказать: «Может, ей больше подойдёт Анна? Или Маргарита?» Или предложить: «Давай назовём её Косинус Равнобедренный Треугольник де Вит?» А вдруг тогда до моей мамы дошло бы, что это не самая лучшая мысль —

реализовывать собственные причуды в имени своей дочери.

Но мой отец промолчал. Конечно, этот человек и четырнадцать лет назад был эгоистичной сволочью. И ему было абсолютно наплевать, как назвать собственное дитя.

Наконец подошла моя очередь. Я положила паспорт на стойку и безуспешно попыталась почувствовать во рту хоть каплю слюны.

— Куда ты летишь? — спросила сотрудница авиакомпании в солнечно-жёлтом костюме.

— В Нью-Йорк.

Я выпрямила спину. Мне было страшно. Но в то же время я почувствовала у себя в крови что-то новое, когда произнесла название этого города. Я лечу в Нью-Йорк. Над кроватями всех моих подружек висят постеры с парнями, которых они никогда в жизни не видели. У меня над кроватью висит панорама Нью-Йорка. Я никогда там не была, но я была в него влюблена.

— Ты летишь одна? — спросила девушка.

Я кивнула и стала отвечать на её вопросы, с трудом переводя дыхание.

Да, я сама собирала свой чемодан.

Нет, у меня в ручной клади нет опасных веществ.

Да, я беру с собой в самолёт только эту сумку.

Она посмотрела на меня, но не узнала. И, слава богу, не вспомнила, что вчера в новостях видела омерзительного типа с моей фамилией.

Она наклеила бирку на мой битком набитый чемодан и отдала мне посадочный талон. Посадка на рейс начнётся через полтора часа.

Я совсем одна, я иду на паспортный контроль. Никто не ведёт меня за руку, и без чемодана мне на удивление легко. Внутри всё дрожит. Я до сих пор не могу в это поверить: я правда это сделаю. Два дня назад это была просто мысль. Я просто подумала: будь я другой девчонкой, показала бы этому миру средний палец и сбежала в Нью-Йорк.

Сегодня пятница, 26 октября. Через десять с половиной часов я уже буду там.

2

Когда ты один, всё выглядит по-другому. Цвета вдруг становятся ярче, звуки — громче, а планы могут рухнуть в один миг. Я прошла через гудящий зал за таможенным контролем и сказала себе, что ничего не боюсь. Девчонка, которая ночью стащила кредитку своего отца, чтобы купить билет на самолёт, не будет плакать в туалете аэропорта. Такая девчонка не устроит истерику на ровном месте и не включит телефон, чтобы позвонить мамочке.

Я купила капучино, хотя совсем не люблю кофе, но мне нужно было оставаться начеку. Порез на левой ладони всё ещё болел. Через пластырь начала проступать кровь, но с этим я ничего не могла поделать. Я скорее истеку кровью, чем пойду менять пластырь в общественный туалет.

И тут я застыла на месте.

Я уставилась на девушку в магазине с дорогущими сумками. Белые локоны, джинсы в обтяжку и «угги». Это была Юно — я не могла ошибиться. Она стояла ко мне спиной, и её лица не было видно. Я ждала, когда она обернётся. Сердце колотилось.

Это оказалась не она.

Шатаясь, я добралась до ближайшего ряда пластиковых кресел. Села, сцепила руки, но тут же разжала их, потому что почувствовала боль от пореза. Как мне вообще могло прийти в голову, что я смелая?

Дрожащими руками я достала папку с бумагами. Я распечатала всё, что только было можно. Схема перелёта. Автобус, на котором я доеду до Нью-Йорка. Обменный курс доллара. Сколько чаевых нужно оставлять. В каком музее больше всего импрессионистов. Я читала до тех пор, пока не смогла снова дышать нормально, и только тогда подняла голову.

Снаружи за стеклянными стенами стояло семнадцать самолётов. Они ревели моторами, взлетали и превращались в лебедей высоко в небе.

«Всё позади», — сказала я сама себе. Я больше не столкнусь с Юно в коридоре. И её друзья больше не будут кричать мне вслед на школьном дворе. Мою сумку с формой для физкультуры никто уже не подпалит зажигалкой. И исцарапанный ящик в раздевалке теперь тоже не мой.

Я никогда больше не вернусь в эту школу.

В зале у выхода на посадку я всё-таки включаю телефон на пару минут. Я напряжённо жду сигнала сообщений, но всё тихо. Мои родители уверены, что я в школе, а одноклассники, конечно, думают, что я рыдаю дома под одеялом.

Так вот, между прочим, все они ошибаются. И, между прочим, пришло время показать средний палец этому миру — или как минимум моим родителям. Это письмо с прошлой ночи ждёт, когда я его отправлю.

Лузерам, которые произвели меня на свет.

Я думала, у нас договор.

Я делаю домашнюю работу, накрываю на стол и не прокалываю пупок. Вы меня кормите и не делаете ничего такого, за что можно загреметь в тюрьму.

Договора больше нет. Мне кажется, это всем ясно.

Вы думаете, что у меня сейчас лабораторная по физике, но так уж вышло, что я в поезде по дороге в Германию. Я еду погостить к Кэти. Если останусь дома, я сойду с ума, так что я еду в страну, где моего отца не показывают в каждом выпуске новостей. Вы даже не можете себе представить, что творится сейчас у меня в школе, в фейсбуке, твиттере и везде, где только можно.

Вы даже не можете себе представить, каково это — оказаться на моём месте.

Не надо за мной приезжать. И не звоните — я всё равно не отвечу. И Кэти звонить не надо, она давно поменяла номер.

Завтра я сообщу вам, что ещё жива.

Если, конечно, буду жива.

Э.

Мой большой палец завис над кнопкой «отправить». Я ещё могла вернуться. Я могла встать и пройти через зал прилёта, мимо багажных лент, где до тошноты наматывают круги чемоданы, и выйти через двери, за которыми меня никто не ждёт. Я могла сесть на поезд и приехать домой. Так, будто и не собиралась сбегать.

Но тут я опять вспомнила вечер вторника.

Я сидела в тёплой тихой гостиной и делала домашнее задание по истории. Темой была американская Декларация независимости, без всяких сомнений — один из лучших текстов, когда-либо написанных человеком, но сейчас не об этом.

Мама работала у себя в мастерской — она даже не ужинала, а мой отец сидел наверху у себя в комнате и занимался своими инструментами.

На улице в вечерних сумерках мимо наших окон проходили люди. Я смотрела на тени незнакомцев, в голове у меня маршировали первые блистательные строчки *Declaration of Independence,* и я была счастлива. В тот момент всё было на своих местах.

Но тут зазвонил телефон.

Не мой мобильный, а наш домашний телефон. Я подошла к нему, натянула на ладонь рукав свитера и через него взяла трубку.

На том конце оказалась какая-то женщина. У неё была истерика, она то ли плакала, то ли задыхалась.

Она сказала, что она — мама Юно.

Она хотела поговорить с моим отцом.

Я нажала «отправить», и письмо улетело. Возвращаться я не хотела.

3

В автомобильных авариях погибает намного больше людей, чем при крушении самолётов. Это я твердила сама себе, пока шла по длинному серому хоботу на посадку. Тревожный звоночек оглушительно звенел в голове, но я старалась не обращать на него внимания.

У меня в сумке была статья, которую я выучила наизусть этой ночью. Фильтры кондиционеров в самолётах очищают воздух от 99,7 процента всех бактерий и вирусов. Так что, если строго следовать «Десяти золотым правилам авиапутешественника», со мной ничего не случится.

Как только я села на своё место у окошка, сразу же привела в исполнение правило номер один. Достала из сумки пачку бактерицидных салфеток и начала всё протирать. Пластиковый столик, подлокотники кресла и даже пряжку на ремне безопасности. Всё должно быть чистым. К счастью, люди вокруг были слишком заняты своими журналами, затычками для ушей и утрамбовкой чужих сумок на багажные полки при помощи собственного багажа. Никто не обращал на меня внимания.

Пока мы взлетали, я не сводила глаз с пластыря на левой ладони. Я чувствовала, как самолёт дёрнулся на ветру. Как воздух трепал наши крылья. Как ревели моторы, чтобы сохранить наши жизни.

И на самом деле, признаться честно, у меня в этом «боинге» всё было хорошо больше часа.

Но увы, мне в голову зачем-то пришла мысль спросить у стюардессы, сколько человек находится сейчас на борту.

— Триста, — весело ответила она и протянула мне стакан с апельсиновым соком.

Я посмотрела по сторонам. Я зависла с *тремя сотнями* живых существ в трясущемся над океаном коконе. Триста человек, которые подозрительно кашляют и чихают, разбрызгивая сопли, и всё время *дышат*. Какой-то толстяк закрыл за собой дверь туалета, и я подумала, скольким чокнутым придёт в голову покакать на высоте одиннадцати тысяч метров? Наверное, никому. Хотя я была в этом не уверена. Есть же на свете люди, которые могут сходить в туалет по-большому в школе, в парке аттракционов или в гостях.

Я вдруг почувствовала, что всё идёт хуже некуда.

Иногда, когда я изо всех сил пытаюсь вспомнить свой ПИН-код, я вовсе его забываю. То же самое с дыханием. Как только я обращаю внимание на то, как дышу, мои лёгкие напрочь забывают, что нужно делать.

Господи, какой жуткий стыд.

Я начала задыхаться.

Сперва никто ничего не заметил, потому что я старалась задыхаться как можно тише. Но через несколько минут у меня уже не получалось ничего скрывать. Грудная клетка начала ходить ходуном всё быстрее. На лбу выступил пот, а горло горело огнём. В глотке заклокотало, мне показалось, что меня сейчас стошнит, и тут, к несчастью, из меня вырвался какой-то жуткий ноющий стон.

На меня посмотрел весь самолёт. Пять человек нажали кнопку вызова. Какая-то маленькая девочка заплакала.

Передо мной тут же оказались сразу три стюардессы. Сначала они переговаривались шёпотом, а потом на весь самолёт спросили, нет ли в салоне доктора.

Я не замечала примерно половины происходящего, потому что была слишком сосредоточена на умирании, но вдруг из бизнес-класса пришёл русский врач. Он обсудил ситуацию на ломаном английском с тремя стюардессами и примерно пятнадцатью другими пассажирами, которым непременно надо было вмешаться. Собрание было ещё в полном разгаре, но тут какая-то женщина явно с дипломом профессиональной мамы дала мне подышать в пластиковый пакетик. А после русский доктор протянул мне какое-то успокоительное.

Прошла целая вечность, пока на меня перестали смотреть.

Слёзы тихо катились у меня по щекам и по шее, потому что всё пошло совсем не так. Это не я показала миру средний палец — это мир показывал средний палец мне.

До сих пор. Снова.

Я сидела как пришибленная и не отрываясь смотрела в окно. Освещённые ярким солнцем облака под крылом самолёта казались сделанными из взбитых белков. Замороженный мир без людей. Без планов и без разочарований.

А потом мне приснился планетарий моего отца.

Эта старинная штуковина стоит посередине его комнаты. Если покрутить медный рычажок, то вокруг

Солнца со скрипом начнут вращаться планеты. Мне было шесть, когда мне впервые разрешили это сделать. Это было волшебство. Одной рукой я заставила планеты двигаться. И пока я медленно крутила ручку, мой отец объяснял, почему по ночам темно, а днём светло. И почему темнота наступает не одновременно во всём мире.

Во сне я оказалась в полумраке у двери отцовской комнаты. Я слышала, как внутри тихонько поскрипывают планеты. Я сомневалась, но потом толкнула дверь. Через окно в комнату падал свет уличного фонаря. Кругом были расставлены сияющие приборы и инструменты: большая электрическая машина у окна, барометры на стене, микроскопы под стеклянными колпаками.

В центре комнаты был планетарий с медным рычагом. Но его крутил не мой отец.

Там была Юно.

Её светлые локоны блестели ярче всех начищенных приборов. Она смотрела прямо на меня.

А потом засмеялась.

4

Когда самолёт коснулся колёсами земли, я почувствовала комок в горле.

Я — Христофор Колумб. Впервые в жизни в Америке.

Оказавшись в аэропорту Ньюарк, я жадно смотрела по сторонам. Но пока не видела ничего, кроме серого коридора с замызганным ковролином на полу и угрожающих табличек с мобильными телефонами, перечёркнутыми красной полосой. Я втайне надеялась, что Америка будет сиять. Что всё тут будет очень чистым и самым современным. Именно это так меня привлекало.

Пройдя по серому коридору, мы очутились в помещении размером с церковь. Огромные очереди молчащих людей, извивающиеся между столбиками заграждения. Как в парке развлечений, только без табличек с надписью, сколько осталось ждать.

В зале висела напряжённая тишина. Америка — не та страна, которая запросто впускает всех подряд. В интернете я начиталась ужасных историй. Если пограничники решат, что ты тайком собираешься задержаться тут подольше, или заподозрят, что ты врёшь, тебя тут же посадят на первый же рейс в обратную сторону.

И да, я собиралась им врать.

Внутри у меня всё похолодело, будто я сидела на самом верху высоченной американской горки. Я увидела, что на меня смотрит толстяк из самолёта. А вон и мамочка с пластиковым пакетом — тоже за мной присматривает. Они что, надеялись, что у меня опять начнётся приступ паники?

Хотя ещё полчаса здесь, и всё будет именно так, как они и надеялись.

Наконец человек в форме указал мне на седьмое окошко. Там за стойкой оказалась женщина с глубоко посаженными глазами и гладко зачёсанными волосами.

— *Good afternoon,* — сказала она с мрачным видом и взяла мой паспорт. — *How are you today*?

Я посмотрела на неё. Эта женщина, которую я никогда в жизни даже не видела, меньше чем через десять минут решит, можно ли мне в Америку.

— С какой целью ты прибыла в Соединённые Штаты? — спросила она по-английски.

Я сглотнула. Здесь всё было не так, как у нас в аэропорту. И хотя английский был моим вторым родным языком, я переживала, хорошо ли вызубрила своё враньё.

— На каникулы, — сказала я. — Очень хочу посмотреть Нью-Йорк.

— Как долго ты здесь пробудешь?

— Две недели.

Ночью в среду, когда я заказывала билет, сначала хотела забронировать рейс только в одну сторону. Но потом начиталась в интернете страшилок про американских пограничников и таможню и поняла, что без обратного билета меня в жизни никто не пустит в эту страну. Они пускают только в том случае, если точно уверены, что ты непременно свалишь отсюда.

— Где ты будешь жить эти две недели? — спросила женщина.

Я молча достала из сумки папку. Я распечатала описание моей комнаты и мейлы, которые прислал мне её хозяин. Бумаги дрожали ещё сильнее, чем мои руки.

Женщина внимательно всё рассмотрела, полистала мой паспорт и нахмурила брови:

— Тебе четырнадцать?

Я кивнула.

— И ты тут одна?

Момент настал. Разумеется, этой женщине не нужно было знать о моей настоящей жизни. Ей нужна была правильная история. Сказочка, которую она сможет спокойно выслушать и ничем не обеспокоиться.

— Моя подруга Кэти тоже прилетит сюда, — сказала я по-английски голосом, похожим на бледное картофельное пюре. — Мы вместе сняли жильё. Кэти двадцать один год, и она раньше была моей няней. Сегодня вечером она прилетает рейсом из Франкфурта в аэропорт Джона Кеннеди. Тут у меня её номер телефона, вот, пожалуйста. — Я просунула под стекло бумажку. — Но она сейчас ещё в самолёте, так что...

Одной рукой я вцепилась в липкую стойку. Если бы я этого не сделала, то грохнулась бы на пол.

Женщина ещё раз полистала мой паспорт и подняла на меня глаза:

— У тебя есть письменное разрешение родителей на эту поездку?

Я мысленно благословила интернет. Я знала, что мне понадобится эта бумага. Достала из папки документ на английском и копии паспортов моих родителей. Текст я наполовину стащила из интернета, а наполовину сочинила сама. Подписи скопировала с паспортов, так что с ними всё должно было быть в порядке.

Я подвинула бумаги к сотруднице и затаила дыхание. Она долго изучала письмо и паспорта. Если бы я верила в Бога, я бы сейчас молилась. Взывала бы к Богу без остановки. Но в Бога я не верила.

Я верила во взрослых людей. А теперь я больше ни в кого не верю.

Наконец она кивнула. С таким мрачным лицом, как будто решила отправить меня прямиком в ад.

— Окей. Приложи к сканеру большой палец левой руки.

Я содрогнулась, взглянув на жирное стеклянное окошко. Но ради Америки я была готова на всё. Стараясь изо всех сил думать только об антибактериальном геле у меня в сумке, я положила большой палец на стекло.

5

Это просто невероятно! Меня пропустили! Я в Америке.

Я сняла деньги в банкомате и на первые доллары в моей жизни купила билет на автобус до центра. В нём я сейчас и сидела. На самом переднем сиденье, почти рядом с водителем, чтобы смотреть через лобовое стекло. У меня не было вариантов, потому что все остальные окна в этом автобусе оказались сверху донизу заклеены рекламой.

Пока мы ждали других пассажиров, я не удержалась и включила телефон. Тут же посыпались сообщения. У меня было девять пропущенных звонков от папы и три — с маминого мобильного. Я смотрела на мигающий экран, и меня затошнило. Со вторника Нидерланды стали для меня вонючим болотом, и его смрадный запах я ощущала даже здесь.

Автоответчик я ни за что не стала бы слушать, а вот сообщения заставила себя прочитать. Первое мой отец отправил, когда я ещё сидела в самолёте.

«Да чтоб тебя, Эмилия! Я зашёл в комнату, а там одни осколки! Ты имеешь право злиться, но это не лезет ни в какие ворота. Из школы звонили, сказали, ты прогуливаешь. НЕМЕДЛЕННО мне позвони!»

Я посмотрела на пластырь на ладони и открыла следующее сообщение.

«Сними трубку! Если ты не перезвонишь, я сажусь в машину и еду во Франкфурт. Нам немедленно нужно поговорить».

Последнее сообщение пришло час назад.

«Если не объявишься до полуночи, мы позвоним в полицию и заявим, что ты пропала без вести!»

У меня дрожали руки. Я знала, что он разозлится. Этого я и хотела. Но я не привыкла к тому, чего *нельзя простить*.

«*НЕ НАДО ПОЛИЦИИ,* — написала я в ответ. — *Хочешь совсем всё испортить? Мы с Кэти только что поужинали шницелем, и со мной всё отлично. Завтра позвоню*».

В тот момент, когда я нажала «отправить», автобус тронулся с места. Я поставила телефон на беззвучный режим и убрала подальше в сумку. Мне нужно было забыть болото, иначе какой был смысл убегать.

«Смотри в окно, — сказала я сама себе. — Ты же Колумб!»

Каждая деталь была для меня важна. Дорожные указатели над дорогой кричаще-зелёного цвета. Небо затянуто тучами, а машины по размерам смахивали на танки. Американцы делают свои дороги из огромных бетонных плит, так что старый автобус подпрыгивал на каждом новом стыке. Мы вошли в долгий поворот. Бетонная дорога перетекла в эстакаду. И тут я перестала дышать.

Там в серой дали был Нью-Йорк.

Я тут же узнала силуэт с постера над моей кроватью. Сотни серых, коричневых и сверкающих зданий вместе создавали самую прекрасную диаграмму в мире. Я смотрела не отрываясь, и в голове у меня вертелось и танцевало только одно слово: *наконец-то*.

К этому моменту меня готовили бесконечные фильмы, фотографии, сериалы и картинки в выпусках новостей. Всё, что я до этого знала только из телевизора, я увидела сейчас наяву. Как будто заставила вращаться планеты.

И вдруг я поняла, почему для американских пограничников было так важно, чтобы в моём рассказе всё было достоверно. Я увидела эту всемирно известную картинку на горизонте и всё поняла.

Америка — это и есть настоящая история. Здесь ты как будто заходишь в огромный кинотеатр. И если хочешь стать частью этого фильма, ты должен ему соответствовать.

Автобус въехал в туннель, который явно был для него слишком тесным. Мимо меня со свистом неслись стены, облицованные плиткой. В темноте сверкали фары встречных машин. Посреди нашей полосы валялся оранжевый конус. Я зажмурилась.

Тут мы выехали из туннеля и оказались на Манхэттене. На этом маленьком острове между двумя реками когда-то обитала горстка индейцев. Теперь тут живёт 1,6 миллиона человек, и он битком набит небоскрёбами.

Из автобуса мне было уже не разглядеть, насколько высокие все эти здания. В пятницу днём на дорогах творился настоящий сумасшедший дом. Куда ни глянь — жёлтые такси. Они гудели сотнями разных гудков, как будто все машины говорили на разных языках.

Мы ехали мимо целого моря людей — все они смотрели наверх, на огромные светящиеся картинки и надписи. Сверкающая реклама мюзикла «Король Лев», новейшей модели смартфона «Самсунг» и самого большого бургера плясала над зданиями.

Мир вокруг меня мерцал и дрожал. Всё пело, кипело и искрилось всеми цветами радуги.

И тут я спросила себя, подойду ли я этому городу.

То есть я же знаю факты.

Пока снаружи Нью-Йорк гудел, гремел и завывал сиренами, я посмотрела на свои руки. Кожа была сухой и натянутой, как краска на старых картинах. А пальцы стёрты почти до ран.

Что прикажете делать со мной Нью-Йорку?

Меня зовут Эмилия Десембер де Вит, и я не решусь даже дотронуться до металлического поручня передо мной. Я не решусь съесть хот-дог в уличном кафе. Я не решусь зайти в метро в час пик.

Я не знаю, что будет с нами, если моего отца и в самом деле отправят в тюрьму.

Я понятия не имею, как мне заботиться о матери. И хочу ли я этого.

Я спросила себя...

И тут же выбросила всё из головы.

Мы ехали мимо поющего, звенящего, смеющегося парка. Вдоль него под красными и жёлтыми деревьями стояли стеклянные домики с магазинчиками. А в середине был каток, наводнённый людьми на коньках и в разноцветных шапках. Я услышала первую в этом году рождественскую песню и почувствовала счастье.

Впишусь ли я сюда?

Боже мой, да это же Нью-Йорк. Взять хотя бы всех девчонок из фильмов, которые здесь живут. Если все эти рассказы правдивы хоть бы на чуточку, то тут на каждом шагу полным-полно одиноких фриков, помешанных на контроле. Женщин, которые постоянно записывают всё подряд в раздутые ежедневники, терпеть не могут сюрпризы и в полном одиночестве надраивают до блеска дома в огромном свитере своего покойного отца или бойфренда. И поговорить они могут только с котом, и каждый вечер заказывают готовую еду в картонных коробочках, а с идеально заправленных кроватей на них пялятся полчища плюшевых мишек...

It's beginning to look a lot like Christmas.

У меня нет ни одного пыльного плюшевого медведя и мохнатого кота. И если где-то на планете есть место для меня, то это именно здесь. В этом сверкающем городе.

Запыхавшийся автобус остановился на последней остановке.

— *Grand Central Station*, — крикнул водитель, ни на кого не глядя. — *Last stop. Everybody out*.

Он выбросил чемоданы на асфальт и с рёвом уехал.

А я оказалась там. Мои сапоги стояли на плоских серых плитках нью-йоркского тротуара. Все остальные пассажиры знали, куда идти, и мгновенно исчезли из вида со своими чемоданами и сумками.

Я осталась совсем одна на тротуаре, который был шире любой голландской улицы. Вокруг меня возвышались огромные здания. Я закинула голову назад и стала смотреть на них. Через пару улиц отсюда сверкал серебристый небоскрёб, похожий на башню сказочной церкви. Высоко в небе над каким-то железным зданием возвышались орлиные головы. Я посмотрела на них и влюбилась.

Но мне бы хотелось увидеть и Центральный вокзал Нью-Йорка.

Здесь было намного холоднее, чем в Голландии, и я застегнула свою тёплую куртку до самого носа.

В голове всё кружилось. На улице светло, но по моим ощущениям было полдвенадцатого ночи. Если я останусь тут навсегда, то до конца моих дней у меня будет шесть лишних часов светлого времени суток. А мой отец проживёт на шесть часов дольше в полной темноте.

— *You need a ride?*

Возле меня остановилось жёлтое такси. Шофёр улыбался в открытое окошко.

Я собиралась добраться до своего жилища на метро. У меня в папке было написано, что нужно найти зелёную линию *6 downtown*, но я вдруг почувствовала, что сейчас упаду от усталости из-за этой разницы во времени. Да и мой психолог, к которому я ходила некоторое время, но, к счастью, больше не хожу, всегда говорил, что нет ничего страшного в том, чтобы иногда менять свои планы.

Так что я кивнула.

Мой чемодан отправился в багажник, и мы понеслись по Лексингтон-авеню на юг. Достаточно один раз рассмотреть карту Нью-Йорка, и сразу станет понятно, как устроен этот город. Как будто кто-то выстроил коробку кубиков на листочке в клеточку. Широкие улицы с севера на юг называются «авеню», а улицы с востока на запад — «стрит». И у всех этих улиц есть номера, так что ты всегда знаешь, где находишься.

Как бы мне хотелось, чтобы и моя жизнь была такой же.

Я молча смотрела на улицу из окошка такси. Здания стали сжиматься в размерах, деловых мужчин в костюмах сменили парни и девчонки в узких джинсах.

Я нашла эту комнату только вчера утром, на американской версии «Авито». У меня уже болел палец от щёлканья мышью, а глаза щипало, как будто в них бросили песком. Я уже почти сдалась. У меня ничего не получалось. Придётся сидеть дома и привыкать к болоту. Америка меня не хотела. Но вдруг среди пятисот грязных каморок размером со шкаф и семисот апартаментов с заоблачными ценами я увидела свою студию.

На фотографии комната была залита солнцем, свет падал через высокие окна, и в описании было сказано, что отсюда как раз видно Эмпайр-стейт-билдинг. Я почувствовала себя Златовлаской из сказки: комната была просто идеальной. И в ближайшие недели — свободной. И я смогла оплатить её кредиткой моего отца.

6

Я вышла из такси и как будто оказалась на съёмочной площадке. Где человек пятьдесят в течение нескольких недель специально устраивали всё так, чтобы даже самый тупой зритель в мире сразу понял: действие фильма происходит в Нью-Йорке.

Но это не фильм, всё было на самом деле.

Такси уехало, а я ошарашенно озиралась по сторонам. Вдоль всей моей улицы стояли высокие стройные деревья, раскрашенные огненными осенними красками. Большинство домов были пятиэтажными, красно-коричневыми, желтовато-рыжими и серыми, с плоскими крышами и тонкими металлическими лестницами на фасадах. Мимо прошли две девушки, и мне сразу стало ясно: фотомодели. Они шагали со скучающим видом, у них были длиннющие стройные ноги, а в руках они держали большие бумажные стаканчики с кофе. С пластиковыми крышечками.

Я посмотрела на номера домов. Моя комната была на последнем этаже вот этого красного здания. У входной двери целая куча разномастных звонков. Гораздо больше, чем этажей, — я даже не сразу нашла нужную фамилию. Но потом увидела полустёртые буквы: Гринберг.

Я слишком устала, чтобы волноваться, так что я натянула на палец рукав и нажала на звонок.

Ничего не произошло.

Я позвонила ещё раз, но за дверью стояла тишина. А вокруг меня, наоборот, был нереально шумный Нью-Йорк. С трёх сторон гудели сирены и сигналили автомобили: длинные гудки, короткие гудки и такие, которые вообще не умолкали. Потом по узкой улице прогрохотал грузовик, который в Голландии немедленно запретили бы: мотор ревел, а из выхлопной трубы вылетали чёрные облака.

Я закашлялась, и в этот момент дверь открылась.

Я ожидала увидеть взрослого мужчину с эспаньолкой. На фотографии на сайте мистер Гринберг был весёлым господином с двумя крошечными чихуахуа и золотистой бородкой.

Но на пороге стоял мальчишка. Ненамного старше меня. Тёмные короткие волосы взлохмачены, футболка наизнанку, да к тому же он был босиком.

Мальчишка даже не улыбнулся.

— Ну, выкладывай, — сказал он по-английски. — Что на этот раз?

Я удивлённо уставилась на него.

— Я знаю, что тебя прислала Эбби. — Он сердито кивнул. — Моя тётя только что звонила. — Он махнул рукой, в которой держал айфон. — Эбби исчезла, а этот ребёнок никогда не теряется просто так.

— Я...

— Принесла мне от неё банан с запиской внутри? — Он не дал мне времени, чтобы ответить. — Нет, конечно же. Эбби никогда не повторяется. — Он вздохнул. — Будешь показывать пантомиму? Или она передала видео? Или мне нужно куда-то с тобой идти?

Я покачала головой. Потому что даже забыла, как разговаривать.

— Окей, я всё понял, — кивнул мальчишка. Глаза у него были тёмно-карие. — Я должен тебе что-то сказать, и тогда ты отреагируешь. Какой-то пароль.

Он нахмурил брови и уставился в пол. И щёки у него вдруг покраснели.

— Эбби хочет, чтобы я с тобой заговорил. Сам завёл с тобой настоящую беседу. Дело ведь в этом, да? — Он потёр рукой нос. — Поэтому она выбрала тебя. Красивую девчонку, с которой я бы в жизни ни за что не заговорил. Но только она не понимает, что это так не работает. Точнее, есть причина, по которой я не говорю с красивыми девчонками. Красивые девчонки и я...

Он замолчал, а я уставилась на него. *Красивая девчонка?*

Мальчишка вздохнул:

— Знаешь, скажи Эбби, что я всё испортил. Это задание для меня слишком сложное.

Он уже хотел закрыть дверь, но тут я быстро крикнула:

— Подожди! А кто такая Эбби?

Дверь снова распахнулась.

— Моя сестрёнка, — сказал он. — Ты же зна...

Он посмотрел на меня, и я поняла, что до него стало медленно доходить — тут что-то не так.

— Серьёзно? — спросил он голосом бледного картофельного пюре, который я так хорошо знала по себе. — Ты не знаешь, кто такая Эбби?

— Нет.

— И не имеешь никакого отношения к её загадкам и заданиям? И она не велела тебе прийти сюда и торчать на пороге, пока я не начну тебя клеить?

— Извини, — сказала я. — Меня зовут Эмилия. Я прилетела из Нидерландов и сняла тут комнату.

Он хотел что-то сказать, но помотал головой и промолчал.

— Значит, Эбби потерялась? — спросила я.

— Она должна была на этих выходных гостить у моей тётки, но сбежала оттуда. — Он всё ещё не решался на меня посмотреть. — Эбби девять лет, и это самый противный возраст у девочек. Она понятия не имеет, насколько опасен этот мир, а вообразила себя Джеймсом Бондом, который запросто может решить все проблемы Нью-Йорка.

— И при этом найти тебе подружку.

Я тут же пожалела, что брякнула это, потому что его щёки только-только побледнели.

— Я слишком много болтаю, — произнёс он.

— Я тоже, — быстро сказала я.

Это было неправдой, потому что обычно я как раз стараюсь промолчать. Я всё время боюсь сказать что-нибудь не то. Я хожу по этой земле уже четырнадцать лет, но мне кажется, что до сих пор так и не поняла здешние правила.

Прошло несколько минут, прежде чем мы оба снова решились что-то произнести. А пока вокруг только гудели сирены. Такси продолжали сигналить, город сверкал огнями в вечном движении.

— Меня зовут Сэт Гринберг, — сказал он наконец и протянул руку, как хорошо воспитанный американский робот. — *Nice to meet you, Emilia...*

Но его рука не была чистой отполированной механической рукой робота. Все пальцы были перепачканы чем-то чёрным, как будто он только что поставил картридж в древний принтер. А может, неделю назад менял колесо и с тех пор не мыл руки.

Это было ужасно глупо, знаю. Но я просто не могла этого сделать. Я слишком устала. Я не могла себя заставить.

— Прости, пожалуйста, — сказала я, сжав за спиной кулак. — Я простудилась. Не хочу тебя заразить.

Он пожал плечами:

— Но если Эбби тебя не присылала, почему ты здесь?

— Тут моя комната!

Он посмотрел на меня вопросительно.

— Я же тебе сказала! Я сняла тут студию. — Я полезла в сумку за папкой. — Я договаривалась с мистером Гринбергом. Он, наверное, твой отец?

— Я так не думаю, — сказал Сэт. — Мой отец уже два года как умер.

Я стала листать бумаги. Пораненная рука опять заныла. Я сделала вид, что не расслышала про мёртвого отца. Я хотела, чтобы Сэт проводил меня в комнату. Я хотела в туалет, в душ и спать.

— Вот, смотри. — Я сунула ему под нос бумаги, и он молча начал читать.

Описание студии. Мои мейлы господину Гринбергу. Его ответы.

— Значит, ты тут совсем одна? — спросил Сэт через некоторое время. — Ты из Нидерландов и сняла комнату через «Крейгслист»?

Я кивнула.

— *Holy shit!* — Он стал качать головой. Едва заметно, но довольно долго. — Ты ещё хуже, чем девятилетняя девчонка.

— Ты о чём? — резко спросила я.

— А я-то на самом деле надеялся, что с Эбби вскорости всё наладится! Я думал, через пару лет она перестанет теряться, сбегать и завяжет с этими тайными миссиями и разной фигнёй. Но смотрю сейчас на тебя и... — Он посмотрел мне в глаза. — Этой комнаты вообще не существует.

— Конечно, существует, — мгновенно возмутилась я.

— Да нет же. Этот твой мистер Гринберг — просто мошенник. Здесь никто не сдаёт никаких студий. Этот тип выложил фотки совсем другой комнаты. Разве отсюда можно увидеть Эмпайр-стейт?

— Но посмотри же, — мой голос вдруг стал противно писклявым. — Вот тут в объявлении его фамилия. Это же правильно? Гринберг — это же твоя фамилия?

Сэт пожал плечами:

— Он подсмотрел её на табличке у звонка.

Он больше ничего не говорил, а только смотрел на меня. Решил дать моим мозгам время всё это переварить.

За последние дни я прокрутила у себя в голове все возможные мирские катастрофы с момента Рождества Христова. И все те, которые ещё могут случиться. Крушения поездов, падения самолётов — я всё это учла.

Но я и подумать не могла, что комнаты, которую я сняла, попросту нет.

У Сэта зазвонил телефон — противный механический рингтон. Он нажал на кнопку и закричал в трубку:

— Эбби! Ты где? Мне только что звонила тётя Лея, она плакала... — Несколько минут он молча слушал. — Ты с ума сошла! Стой где стоишь. Я сейчас тебя заберу.

Он сунул телефон в карман.

— Мне нужно бежать. Этот ребёнок — ходячая опасность.

— Но...

— Извини меня. Эбби договорилась встретиться с каким-то чудилой из интернета, так что мне срочно нужно туда. Тебе придётся поискать другое жильё. Но не расстраивайся, в Нью-Йорке, к счастью, полно отелей.

— Подожди! — крикнула я, но дверь у меня перед носом захлопнулась.

Я услышала его быстрые шаги на лестнице. А потом я уже ничего не слышала. Только собственное сердце, как оно колотилось у меня в голове. И как в ушах загудела кровь.

7

Я так и смотрела на закрытую дверь.

Я всё ещё стояла как вкопанная, когда Сэт выскочил из дома с велосипедом на плече. Теперь на нём были старенькие кеды и тёмный свитер с капюшоном. А на голове ядовито-зелёный велосипедный шлем.

— *Good luck!* — крикнул он, запрыгнул на свой велик и умчался.

Я хотела закричать ему вслед, чтобы он остался. Что мне всего четырнадцать и я понятия не имею, что делать. А он — единственный человек в Нью-Йорке, которого я хоть немного знаю. То есть я по-настоящему с ним знакома, потому что я, конечно, знаю очень много знаменитостей: Эштона Катчера, и Бейонсе, и того мальчишку, который играл Гарри Поттера. Но я не закричала, и он мгновенно скрылся за углом.

«*O MY GOD*, — в бешенстве мысленно сказала я сама себе, — как можно быть такой тупой? Ты что, не в курсе, что в интернете никому нельзя верить?» В прошлом году у нас в школе даже был специальный курс занудных занятий по компьютерной безопасности с очень правильной училкой, которая разбиралась в компьютерах в десять раз хуже собственных учеников.

Да как я могла хоть на секунду поверить, что мистер Гринберг со своей слащавой улыбкой и золотистой эспаньолкой решит по доброте душевной сдать мне такую роскошную комнату за гроши?

Хотя, вообще-то, за пятьсот долларов в неделю.

По сравнению с другими комнатами это было дёшево. Так что вчера я по своей тупой наивности перевела тысячу долларов куда-то в Россию, или в Нигерию, или где там живёт этот тип со своими собачонками. Если они у него настоящие.

Я сжала кулаки — даже левую руку с порезом — так сильно, что у меня выступили слёзы.

Наконец-то в первый раз в жизни я оказалась в любимом городе.

Но без крана с водой.

Без матраса.

И без кредитки.

Я посмотрела на телефон. Ещё три пропущенных вызова от моего отца. В моём организме обнаружилось до ужаса много клеток, которые хотели позвонить ему и расплакаться в трубку, но я все их проигнорировала.

Было уже шесть вечера, на улице стало быстро темнеть. Вдруг разом зажглись все фонари, и улица превратилась в декорации к спектаклю. Сначала я попала на съёмочную площадку, а теперь стояла на сцене с пожарными лестницами, сделанными из картона, и пластиковыми деревьями. Время от времени кто-то бросал вниз несколько листьев. Каждый лист был как будто два склеенных сердечка.

Я смотрела на них не отрываясь. Потом поставила ногу на два сердечка и медленно повернула сапог туда-сюда.

Я решительно расставила у себя в голове высокие заборы и перегородки и разрешила себе думать только на пятнадцать минут вперёд. Что мне делать сейчас —

вот что главное. Убийцы и насильники — запрещённая территория за забором. Звонить родителям — немыслимо. Дрожать от холода, вздрагивать, трястись — этих слов я не знаю.

Окей. Значит, так, в этом городе у меня нет кровати.

Где её найти?

За неё нужно заплатить.

Так что же делать в первую очередь?

Снять ещё наличных.

Что для этого нужно?

Банкомат.

Я вытянула ручку чемодана и потащила его за собой. Колёсики грохотали по бетонному тротуару. Я шла вдоль разноцветных домов, от фонаря к фонарю, и думала о парне, которого однажды видела по телевизору. Ему было двадцать, и с тринадцати лет у него было чувство, будто он живёт в кинофильме. Как будто всё вокруг ненастоящее, сказал он. А его родители, друзья и учителя — они все актёры.

Я его жалела. Никто не хочет всю жизнь быть актёром. Но в ту же минуту я спросила себя, а может, он единственный из нас, кто решился сказать об этом вслух. Наверное, когда я ещё ходила в начальную школу, всё было по-другому. Но в моей средней школе все играют какие-то роли. Честное слово. Вся школа — один сплошной театр.

Конечно, я надеялась, что потом всё изменится. Но иногда, в темноте, когда мне не спалось, становилось страшно, что это никогда не закончится. И я боялась, что, когда стану взрослой, мне будет невозможно перестать играть со всеми вместе в этом спектакле. Что я никогда не стану свободной. Что это навсегда.

В конце улицы была дорога с шестью полосами движения, пересекавшая город насквозь. Сейчас она была забита машинами и все они — а как же иначе — гудели не переставая. Почти половина из них — такси. Такси, которые никуда не ехали.

По широкому тротуару навстречу друг другу шли потоки людей с совершенно разными планами. Взрослые в дизайнерской одежде выходили с работы и спешили к метро. Молодёжь в куртках из секонд-хенда и в очках в чёрных толстых оправах — конечно, студенты. Девушки в ультракоротких блестящих мини-юбках торопились модельной походкой в свои чилауты, к коктейлям и светловолосым богатым наследникам миллионных империй с именами вроде Джеймс Говард Третий.

Такие парни на самом деле существуют, честное слово. Я видела в фильмах.

Всё ещё размышляя о богатых пронумерованных наследниках, я вдруг заметила ярко освещённую витрину «*Bank of America*» и быстро посеменила к ней, волоча за собой тяжеленный чемодан. И постучала в дверь.

Закрыто.

Как будто оглушённая, я уставилась на банкоматы в пустом холле, и тут рядом со мной оказался какой-то мужчина с бородой. Не с такой, как у Санта-Клауса, а с модной подстриженной бородкой.

— Тебе нужно войти? — спросил он.

Я молча кивнула.

Он сунул свою кредитку в щель детектора у двери. Загорелся зелёный огонёк, и дверь стала открываться.

— *Thank you!* — удивлённо сказала я.

Мужчина быстро улыбнулся мне и зашагал дальше по своим делам. Я втащила за собой чемодан и собралась снять деньги.

Но у меня ничего не получилось. Оказалось, что за границей снимать деньги со счёта можно только раз в день. А я уже сняла сегодня пятьдесят долларов в аэропорту, но этого мне и близко не хватило бы на отель.

Я опять выволокла чемодан на улицу. Загородки в голове пока стояли на своих местах, но уже качались. Ещё чуть-чуть — и они рухнут.

— *Excuse me!* — крикнула я женщине в истеричном наряде, как будто она появилась тут прямиком из фильма «Секс в большом городе». — Вы не знаете, где тут можно найти бесплатный вайфай?

Я не могла даже предположить, сколько ей лет. У неё была гладкая натянутая кожа без единой морщинки и толстый слой косметики на лице. Выглядела она жутковато, как будто оживший манекен.

— В «Старбаксе» есть вайфай, — сказала она голосом капризной маленькой девочки. — Ступай прямо, а потом направо и выйдешь на Бродвей.

Пробираясь сквозь неоновые вспышки и вой машин, я поволокла чемодан к бело-зелёному логотипу с русалкой. Внутри было тепло и пахло кофе. Первым делом я отправилась в туалет, где, к счастью, оказалось чисто. Потом я купила себе чай и черничный маффин, села за столик у окна и, не снимая куртки и даже не откусив от маффина, достала телефон.

Я понимала, что мне нужно как можно скорее найти отель, где разрешают платить и на следующий день, но сначала я загуглила, как обработать рану. Порез на руке не переставая пульсировал острой болью. Ещё мне хотелось знать, насколько сильно загрязнён воздух в Нью-Йорке и правда ли тут живёт Эштон Катчер.

Я специально не стала проверять почтовый ящик. Сайты с новостями тоже. А фейсбук и твиттер я и не смогла бы проверить, потому что вчера удалила свои аккаунты.

Маффин оказался сладким и приятно липким, с сочной черникой и лёгким ванильным привкусом. Наконец-то я согрелась, и всё меньше клеток моего организма требовали немедленно расплакаться и позвонить домой.

А потом я зашла на форум о поисках отелей, и всё сразу закончилось.

Несовершеннолетним в Америке запрещено снимать комнаты в отелях без сопровождения взрослых. Запрещено. И соврать о возрасте не получится: везде нужен паспорт.

Я всё искала и искала, но никакого выхода не было. Через час у меня остался только один вариант: идти в полицию. Сдаться.

И завтра отправиться домой первым же рейсом.

8

В одиннадцать вечера «Старбакс» закрывался. Я натянула куртку, взяла свою сумку в цветочек и чемодан и вышла на улицу. На ледяном тротуаре я остановилась.

Нью-Йорк вовсю веселился по случаю вечера пятницы. Мимо проехал длиннющий лимузин, кучка разодетых парней в коронах и боа из перьев орали, что Митчел женится, две темнокожие девицы прошли мимо меня в блестящих мини-юбках — но я ничего этого не замечала. В Нидерландах сейчас было пять утра. Никогда в жизни мне не приходилось не спать столько времени. Меня как будто оглушили, а всё тело била дрожь.

Я не знала точно, где тут полиция. Но пошла в другую сторону.

За моим маленьким столиком у окна я как следует всё обдумала. Представила, как это будет. Как я сообщу о себе полицейским. Как буду себя чувствовать, когда они позвонят моим родителям. И каково мне будет снова оказаться с ними за кухонным столом.

Так что сейчас я возвращалась к дому Сэта и Эбби. Если я в половине двенадцатого ночи появлюсь у них на пороге, они ведь меня впустят. Иначе ведь быть не может?

Из последних сил я тащилась вдоль дороги с шестью полосами мимо банкоматов в пустом холле к узкой улице с деревьями. Рядом прошли какие-то пьяные люди. Кто-то кричал мне вслед, но я смотрела себе под ноги и упрямо шагала вперёд.

Я даже не знала, страшно ли мне.

Конечно, мне было страшно, но эти пьяные хулиганы вряд ли были моей главной проблемой. Так я говорила сама себе. Я пыталась думать о голливудских фильмах, представлять себе, что иду по сцене, но я слишком сильно устала.

Я могла думать только о планетарии моего отца. Представила себе планету Земля, и мне показалось, что я стою не ровно, а под наклоном. Раньше, в Нидерландах, я всё время стояла ровно. Но теперь находилась в совершенно другой части земного шара. Наверняка при этом у меня должно было что-то произойти с головой. Ведь в таких случаях кровь перестаёт течь как обычно?

Когда я опять оказалась перед красным зданием, у меня сильно кружилась голова. Я натянула рукав на палец и нажала на кнопку «Гринберг». Потом послушала, прижав ухо к двери. Позвонила ещё раз и снова стала ждать.

После семнадцатого звонка я сдалась. Или Сэт спит как мамонт, или он до сих пор не вернулся.

Я опустилась на каменные ступеньки у двери и прислонила голову к кирпичам, выкрашенным в красный цвет. Руки у меня уже были ледяными, а теперь холод пробирался и по ногам. Я с надеждой взглянула на свой пузатый чемодан. В нём лежал аккуратно сложенный восхитительный спальный мешок, который я всегда беру с собой в поездки, потому что не люблю одеяла и простыни у чужих людей.

Мне хотелось вытащить спальный мешок, но я не стала этого делать. Здесь на улице он мгновенно станет грязным. А если меня увидит полиция, когда я буду спать тут на крыльце, как бомж? Тогда мне уже не нужно будет идти в участок. Они сразу заберут меня с собой.

Я достала из сумки телефон и увидела, что мой отец наконец-то ответил на моё сообщение: «Ладно, мы не пойдём в полицию. Но я хочу поговорить с тобой и с Кэти».

Я тут же отправила это сообщение за заборы и загородки у меня в голове. Завтра решу, как на него ответить.

Мимо проходили несколько парней, они хохотали и распевали песни. Кто-то из них крикнул мне, всё ли в порядке. Один из них подошёл ко мне и спросил, не хочу ли я пойти с ними в бар на крыше какого-то отеля в районе Митпэкинг. Я ответила, что приехала в гости, но мои друзья застряли в пробке и я жду их здесь.

Он спросил, не из Ирландии ли я. Я сказала, что нет.

Он спросил, может, я сделаю ему минет. Я опять сказала нет.

Все остальные громко заржали. Они шутили и толкались, но потом всё-таки ушли.

Я осталась, у меня стучали зубы.

На земле вокруг меня лежали засыхающие опавшие листья в форме сердечек. Почти все они были жёлтые, и только один красный. Я смотрела на него не отрываясь. Я привыкла чувствовать себя одинокой. Когда моя мама рассказывала о своей беременности, я поняла, что ещё у неё в животе я уже была одинокой.

Но одинокой до такой степени — ещё никогда.

Я открыла глаза, когда услышала мальчишеский голос. Сначала я подумала, что это Сэт, но голос был другой. Недовольный. Злой.

Я села. У меня промёрзла насквозь каждая косточка. В глаза как будто насыпали песка. Ко мне приближался светловолосый мальчишка. Шагая прямо посередине улицы, он отфутболил пустую пивную банку и громко выругался.

— *Those fucking arrogant bastards!* — Он опять пнул несчастную банку. — Да тут всем всё фиолетово, хоть ты сдохни! — Он едва удержал равновесие, но устоял на ногах. — Ненавижу всех богатых упырей! Ублюдки! Ненавижу!

Тут он заметил меня. И остановился.

Я не знаю, видела ли я хоть раз в жизни такого красивого парня. На нём были старые потрёпанные джинсы, шнурки высоких чёрных ботинок развязаны. Под курткой белая футболка с пятнами, которые в свете фонарей казались чёрными. Но я сразу поняла, что это кровь. Правая рука у него была перевязана.

Он глотнул из бутылки в коричневом бумажном пакете и молча посмотрел на меня.

Я устала до такой степени, что весь мир стал представляться фильмом. Я медленно подняла вверх руку, залепленную пластырем, — такое странное приветствие раненых.

— На вьетнамской войне зацепило? — спросил парень и указал на мой пластырь коричневым пакетом.

— Сражалась за независимость, — объяснила я. — А ты?

— Я? — некоторое время он размышлял над ответом. — Да у меня сегодня *worst fucking day of my life*. У меня осталось девять пальцев на руках, и меня уволили.

Светлые волосы свисали на глаза. Я не могла разглядеть, сколько ему лет. Но он был точно старше меня. И даже старше Сэта.

Он снова глотнул из бутылки, а потом нахмурился:

— Ты тоже из моего жуткого дня? Или просто так тут сидишь?

— Думаю, просто так, — сказала я. — Я уже занята в самом жутком дне у других людей.

У меня опять застучали зубы, и я была уверена, что заболею. Причём не какой-то там простудой, а двусторонним воспалением лёгких. А может, сразу умру.

— А что ты вообще делаешь? — спросил парень.

— Жду друзей.

— Друзей? Это же такие квадратные фотки в фейсбуке?

Я кивнула:

— Их и жду.

— А если ты...

Он вдруг замолчал и покачнулся. И я увидела, как у него закатились глаза. Бутылка грохнулась на асфальт.

Я не успела его подхватить, но в последний момент подскочила и удержала за плечи, чтобы голова не разбилась о каменный порог. И мы вместе упали.

9

Я голыми руками коснулась грубой тёплой кожи и содрогнулась. До какой степени грязной может быть кожаная курка? Их же никогда не стирают. А от свернувшейся крови можно чем-нибудь заразиться?

Я посмотрела на его бледное лицо, и моё дыхание заметно участилось.

Мне нужно звать на помощь?

Бегать и звонить в каждую дверь?

Или вызвать 911?

Сейчас я всё это сделаю. Честное слово. Я не дам этому парню умереть на улице. Конечно же нет. Но ещё немного подожду. Потому что не хочу звонить в полицию. Потому что всё ещё не хочу обратно в Голландию.

Я осторожно уложила его на холодные камни. Нужно было опустить голову пониже, чтобы к ней могла приливать кровь. Я пощупала у него пульс. Я очень хорошо умела это делать, потому что проверяла собственный пульс каждый день. Там что-то стучало, там, внутри, у него в теле. Он был ещё жив.

И тут он пошевелился. Я сразу же отпустила его руку.

— Господи, — простонал он. — Что...

— Ты упал в обморок, — объяснила я.

— *Wow.* — Он потёр рукой лицо. И медленно покачал головой. — Наверное, не надо было бухать после обезболивающих...

Я сидела рядом с ним на коленках. На улице никого больше не было. Мне ужасно хотелось расплакаться, но я, конечно, не стала этого делать.

Он смотрел наверх, на эту ночь без звёзд.

— Мне, наверное, нужно в постель, — сказал он, но не пошевелился.

— Ты далеко живёшь?

— Да вообще-то, я почти дома. Вон там, — он показал на грязно-белый дом с ржавыми пожарными лестницами. — Очень удобно. — Он всё ещё не двигался.

— Тогда поднимайся, — велела я, потому что испугалась, что и он тоже заработает воспаление лёгких.

С большим трудом нам удалось поставить его на ноги. Он шатался, так что я подсунула плечи ему под руку, чтобы он смог опереться. Никогда в жизни я не чувствовала такой тяжеленной руки. Отпереть входную дверь у парня не получилось, так что он протянул ключи мне.

— *Sorry*, — сказал он. — Но мне бы ещё подняться на три этажа...

Я вздохнула. Ничего не поделаешь.

— Подожди, — сказала я. — Я только притащу сюда чемодан, чтобы его не спёрли.

Оказалось, в том, чтобы тащить неизвестного окровавленного парня вверх по лестнице, есть и свои преимущества. По крайней мере, я согрелась. Я даже не могла вспомнить, чтобы когда-нибудь кто-то так тесно ко мне прижимался. Моему отцу уже несколько лет не разрешалось до меня дотрагиваться. А моя мать никогда не любила, чтобы к её плоти прикасалась чья-то чужая.

И тут на середине второго пролёта мне в голову вдруг пришла одна идея. А что, если у этого полуживого типа окажется гостевая комната?

Это было полнейшим безумием, я прекрасно это понимала. И в других обстоятельствах мне бы и в голову не пришло раздумывать, остаться ли ночевать у незнакомого парня. Разве что у Сэта, но он был не в счёт. Он неловкий и стеснительный даже больше, чем я сама. И у него есть девятилетняя сестра. У старших братьев вполне можно оставаться.

Но тип, который сейчас висел у меня на шее, вовсе не казался скромником. Он был похож на разорившегося наследника миллионера, а матерился как супергерой из американских боевиков. Был только один аргумент в пользу ночёвки у него: он был чуть живой.

Аргумент так себе, не стану спорить. Но улицы Нью-Йорка в эту ночь были такими страшными. Да и какой жестокий насильник может получиться из человека, который всё время норовит снова отрубиться.

Вскарабкавшись по трём крутым лестницам, мы оказались перед мятно-зелёной дверью.

— Цвет не я выбирал, если что, — сказал он, пока я отпирала замок. — Когда-то мой друг снимал эту комнату, а потом уступил её мне.

Он прошёл внутрь, а я осталась на пороге. Я не знала, что рот на самом деле может открыться от изумления.

Посреди комнаты лежал двуспальный матрас с горой одеял. Никакой другой мебели в комнате не было. В прямом смысле. Ни одного стула. Ни одного стола. Ни одного шкафа. Только коричневый линолеум, голые стены и потолок с пузырями краски, мокрыми пятнами и лампочкой на шнуре.

— Матрас он тоже мне оставил, — парень скинул ботинки, расшвыряв их в разные стороны. —

А на остальное у меня как-то не было времени. Да и денег тоже.

Он сбросил на пол куртку, стащил через голову футболку с кровавыми пятнами и стал снимать штаны. Я уставилась на потолок, но успела заметить, что у него на трусах был смеющийся синий Коржик из «Улицы Сезам».

— Где мой телефон? — пробормотал парень и поднял с пола джинсы. — Мне надо поставить будильник. Эти говнюки в больнице сказали, что у меня может быть сотрясение мозга. Потому что я грохнулся в обморок башкой об пол, когда у меня хлестала кровь. — Он вздохнул. — И они сказали, чтобы моя мама будила меня сегодня ночью каждые два часа.

Я подняла брови:

— И где же твоя мама?

— Дома, в Детройте.

— А ты сказал об этом доктору?

— А это не его собачье дело. И с какого перепуга мне рассказывать каждому козлу, где моя мать?

Он улёгся на тонкий матрас, уложил раненую руку себе на грудь и укрылся одеялом. Я всё ещё стояла на пороге и смотрела на этого парня. Глаза у него закрывались.

— А что, если через два часа ты опять потеряешь сознание? — спросила я. — Тогда ты не услышишь свой будильник.

— Точно, — сонно отозвался он. — Тогда, конечно, жопа. Ну а что делать.

Голая лампочка освещала его лицо бледным светом. В углу комнаты стояла коробка с вещами. В другом углу была стопка истрёпанных книг.

Я чуть не падала от усталости, но мне нужно было подумать.

Этот матрас лежит тут, разумеется, ещё с тех времён, когда по Нью-Йорку бродили динозавры. Бог знает, сколько в нём разной заразы. Бог знает, сколько грибков и плесени свалится с потолка тебе на лицо, пока ты будешь спать. И только Бог знает, есть ли тут тараканы.

Мне хотелось развернуться и опрометью помчаться вниз по трём лестницам. Но если я не посплю хотя бы пару часов, скоро не буду способна вообще ни на что. И ещё. Этот неизвестный мальчишка накачался обезболивающими, выпил пива и только что рухнул в обморок на улице. Так что этой ночью он запросто может впасть в кому.

Я ещё немного посомневалась. Взвесила, что хуже, холод или бактерии. Каменные ступени или двуспальный матрас с полуголым типом.

А потом я подумала о своих родителях. Увидела перед собой их лица. Морщины на лбу моего отца, похожие на сложные графики. И мою мать с серо-зелёными глазами, которые вечно смотрят куда-то сквозь весь этот мир.

Только подумать. Эти болотные жители думают, что я сбежала во Франкфурт, а на самом деле я в Нью-Йорке. Ведь это же так здорово.

Но всё может быть ещё лучше.

Значит, они думают, что в этот момент я в полной безопасности сижу в вычищенной до блеска квартирке Кэти. Но когда-нибудь я расскажу им, что провела эту ночь рядом с полупьяным, почти голым, залитым кровью парнем на доисторическом матрасе в заплесневелой комнатке посреди Нью-Йорка.

Мне жутко захотелось сделать это как можно скорее.

10

Я проснулась в три часа ночи от писка незнакомого телефона и боялась пошевелиться.

Я на самом деле это сделала. Я осталась у него на ночь. И никто в мире не знал, где я. Меня запросто могли убить и растворить в соляной кислоте, и никто бы даже не заметил.

Занавесок в комнате не было, так что в полумраке я могла немного его разглядеть. Мобильный у его уха продолжал верещать, но он даже не шевелился. Мне пришлось перевеситься через него, чтобы отключить будильник.

— Ты не спишь? — спросила я шёпотом.

От него пахло пивом. И кокосом.

Он пробурчал что-то в ответ.

— Ты знаешь, в каком мы городе?

— В Нью-Йорке, — сказал он хрипло.

— Как тебя зовут?

— Джим.

И тут он резко сел в постели.

— *What the?..*

Он уставился на меня.

— Прости, — шёпотом сказала я. — Я осталась тут переночевать. Я хотела тебе сказать, но ты уже заснул.

— И ты тогда просто залезла ко мне в постель? — Он потряс головой. — Я ж могу заявить на тебя в полицию за домогательства.

— Но я даже в одежде!

— А я-то нет. — Он снова лёг. — Ладно, только оставайся на своей половине. Терпеть не могу девчонок у себя в постели.

И он снова заснул.

Мне было жутко жарко, когда будильник снова зазвонил спустя два часа. Я выключила его и услышала, как Джим стонет:

— Господи, как же больно.

— Твоя рука с четырьмя пальцами?

— Как будто разрывается на части. А потом они опять слепляются. А потом их опять разрывает. Честное слово, я уже... — Он издал звук, больше всего похожий на плач.

— Тебе в больнице разве не дали с собой обезболивающие? — спросила я тихо.

— О, точно! И ещё антибиотики! За хренову тучу денег! Но они сказали, что я без них не обойдусь.

Я встала, и у меня закружилась голова. Я включила свет и зажмурилась: глаза жгло огнём, — и пошарила в карманах его кожаной куртки. Там нашлись две упаковки таблеток, я стала читать инструкцию на упаковке.

— Там на полу в углу есть кола, — хрипло сказал он.

Я протянула ему полупустую бутылку и оранжевую таблетку, пытаясь не замечать, какой он красавчик. У нас в школе парни с такой внешностью были самыми противными. И все они, все до единого, были лучшими друзьями Юно. И на прошлой неделе из-за их постов в интернете меня вырвало.

— Джим, — прошептала я ещё через два часа. — Сколько тебе лет?

— Семнадцать, — буркнул он, не открывая глаз. — И мне плевать, что ты сейчас скажешь. Если я хочу переехать в Нью-Йорк, я возьму и перееду. В школу ходить я уже не обязан, и я её ненавижу.

— Ясно, — сказала я.

Он открыл глаза.

— Божечки! — Светлая чёлка прилипла к его лбу. — Мне показалось, что ты — моя мать.

На улице уже светало. Я чувствовала, что в Нидерландах наступил день, потому что мой сон становился совсем прерывистым. Только что мне приснился Джим. Было ужасно странно проснуться и обнаружить его рядом.

Он повернулся на спину.

— Все эти взрослые сами же устроили эту грёбаную задницу. А я должен до бесконечности ходить в школу, чтобы научиться поддерживать эту задницу в образцовом состоянии? Да пошли все!

Я ничего не сказала. О том, как оказаться в полной заднице, я и сама всё знала, но сейчас это было не важно. Я слушала его дыхание, оно становилось всё глубже и спокойнее.

Раньше, когда мама уезжала по своим делам, мне разрешали спать с папой в огромной кровати. Он не любил сказки, так что перед сном рассказывал о разных настоящих вещах. О кольцах Сатурна. О воздушных шарах, паровых машинах и барометрах. И о Бенджамине Франклине, который в страшную грозу запускал воздушного змея, чтобы поймать молнию.

Ещё через час я слишком проголодалась, чтобы спать. Я встала и отправилась на поиски ванной. Принимать душ среди волос и грязищи я не смогла, но пластырь на руке надо было срочно поменять. С этим нельзя было тянуть. Дрожащими руками я обработала рану антисептиком и двумя видами йода из разных пузырьков.

В каком-то смысле, должна признаться, порез выглядел неплохо. Он был уже не в километр глубиной и не выглядел воспалённым.

— Джим!

Он застонал.

— Я схожу принесу нам завтрак. Ключ возьму с собой, ладно?

Он не ответил. Я решила, что это означает: «Отлично, какая же ты клёвая и заботливая девчонка».

11

Я медленно спускалась по лестнице. Осторожно ставила на ступеньки ноги, размышляла, смотрела по сторонам — в этом было что-то нереальное. Моё тело ещё никогда не было таким грязным. Последний раз я принимала душ тридцать три часа назад и эту ночь провела в крысиной норе человеческого формата. Но всё-таки я не отчаивалась. Потому что я продержалась в темноте и не побежала в полицию. Меня не растворили в соляной кислоте. И я впервые в жизни провела ночь рядом с мальчиком.

Хотя мальчиком был *high school drop-out* с девятью пальцами на руках и практически без сознания, который сегодня запросто мог заявить на меня в полицию за домогательство. Но если опустить эти подробности, у меня будет потрясающая история для подружек.

Если у меня вообще ещё остались подружки. В прошедшие дни они хотя бы не угрожали мне, как все остальные. Но и ничем не помогли.

Как только я распахнула дверь на улицу, мне в лицо ударил холодный ветер. В утреннем небе толкались тёмно-серые облака. Я застегнула куртку на все пуговицы и огляделась по сторонам. Где бы побыстрее раздобыть еду?

И тут я увидела девочку.

Она сидела на каменных ступеньках у двери Сэта, точно на том же месте, где я выстукивала дробь зубами прошедшей ночью. Вокруг шеи у неё была намотана железная цепь, пристёгнутая блестящим замком к перилам, а у розовых резиновых сапог на ступеньке стояла картонная коробка. Я перешла через дорогу.

«МОЙ БРАТ ДЕРЖИТ МЕНЯ В ЗАЛОЖНИКАХ, — было написано на картонке фломастером. — ХОТИТЕ МНЕ ПОМОЧЬ? ТОГДА КУПИТЕ МНЕ МАЛЕНЬКИЙ КЕКС (НО ТОЛЬКО ЕСЛИ ОН ВАМ ПО КАРМАНУ), ГОЛОСУЙТЕ ЗА ОБАМУ И ЖЕНИТЕСЬ НА МОЕЙ МАМЕ. С ГЛУБОЧАЙШИМ УВАЖЕНИЕМ, ЭББИ ГРИНБЕРГ».

Я молча уставилась на неё. Значит, это и есть сестрёнка Сэта. У неё были глаза цвета растаявшей шоколадки, и она была такая же худющая, как и её брат.

— Я тут вот о чём подумала, — сказала она мне с таким видом, будто знала меня сто лет. — Джастин Бибер, и Джеймс Бонд, и Губка Боб, и Бог — они все мужчины. — Она запнулась. — Или, может, Губка Боб — не мужчина... Но он в любом случае мальчик-губка. Разве это справедливо?

Она была прикована к перилам, но всё время двигалась. Накручивала на палец кончик тёмной косички, елозила по ступеньке резиновыми сапогами, а её лицо было серьёзным и смешливым одновременно.

— Ты бы хотела быть мужчиной? — спросила она.

— Нет, — сказала я не раздумывая.

— Почему нет?

— Мужчины жутко грязные.

Она кивнула:

— Я тебя понимаю. Ты лесбиянка. Но тут, в Нью-Йорке, это можно. Тут всё можно.

— Я не лесбиянка, — сказала я.

Она нахмурила брови.

— И что ты тогда будешь делать? Ты же не сможешь в будущем выйти замуж за грязнулю? Представляешь, у тебя на свадьбе жениху скажут: «Вы можете поцеловать невесту», а ты как закричишь: «Фу-у! Бе-е!»

— Да уж, это проблема.

Но не успела Эбби найти для моей проблемы подходящее решение, как входная дверь вдруг открылась.

Конечно, я знала, что он тут живёт, но всё равно было ужасно странно снова увидеть на пороге Сэта. Мальчика, которого я так долго ждала этой ночью.

Сегодня он выглядел ещё серьёзнее, чем вчера, но, может быть, оттого, что теперь я сравнивала его с Джимом.

— Привет, Сэт, — радостно сказала я, сделав вид, что это совершенно нормально, что я появляюсь у него на пороге каждый раз, когда он открывает входную дверь.

Но он не обратил на меня никакого внимания. Он посмотрел на цепь на шее у Эбби и одним прыжком соскочил со ступенек. Быстро пробежался глазами по картонной табличке, потом схватил её и порвал на куски.

— Эй, ты чего! — закричала Эбби. — А как же наша конституция! Там в первой поправке сказано, что мы имеем право говорить и писать всё, что хотим. Мы в школе проходили на прошлой неделе.

Но Сэт явно не думал о конституции. Он схватил сестру за руку и хорошенько встряхнул:

— Мой брат держит меня в заложниках? Ты что, хочешь, чтобы люди позвонили в полицию? Чтобы я объяснял в участке, что наша мама в Сан-Франциско, а нас оставили одних на все выходные? Тогда тебя точно запрут там, не сомневайся.

— Ай, — сердито сказала она. — Я же прикована. Ты что, не видишь?

— Значит, немедленно открой замок! — Сэт отпустил её руку и отступил на шаг назад. — Где ключ?

— У меня его нет, — сказала Эбби. — Сначала я хотела его проглотить, но у меня не получилось, он всё время застревал в горле. И тогда я его выбросила.

— В каком смысле? — спросил Сэт. — Что значит выбросила?

— Ну, просто, — сказала она. — Взяла и выбросила. Вон туда, — она махнула рукой на другую сторону улицы.

Я едва сдержалась, чтобы не рассмеяться. Мне показалось, что девять лет — отличный возраст для девочек.

— Я помогу тебе искать, — сказала я с серьёзным видом.

Вдвоём с Сэтом мы перешли на другую сторону улицы и молча взялись за поиски.

— Откуда вы друг друга знаете? — крикнула Эбби со ступенек.

Она с большим интересом следила за нами.

Я шарила глазами по мостовой и рассказывала ей о несуществующей комнате.

— Серьёзно? — спросила она. — Сэт сказал тебе, что тут полно отелей? — Она удивлённо посмотрела на своего брата. — Да детям вообще нельзя одним селиться в отеле. Ты что, не знал? Я же пыталась снять себе номер в прошлом году, когда сбежала из дома. И у меня ничего не получилось.

Он пробурчал что-то в ответ.

— И где же ты спала сегодня ночью? — спросила меня Эбби.

Я показала на грязно-белый дом.

— Вон там, у Джима. Я встретила его ночью на улице. У него была серьёзная рана, и я следила, чтобы он не впал в кому. Но сейчас мне срочно надо найти что-то другое, потому что у Джима в ванной полно жуков, а его матрас набит шерстью динозавров.

И тут Сэт наконец-то впервые посмотрел на меня:

— Ты сегодня ночью спала у незнакомого парня?

— Ну да. После того как ты оставил меня одну на улице, там мне показалось безопаснее.

— Но это же просто идеально! — воскликнула Эбби. Она танцевала и прыгала на ступеньках. Цепочка валялась у её ног. — Значит, ты можешь остаться у нас. Мама всё равно уехала, а в её комнате настоящая суперчистота.

— Ты отстегнулась? — Сэт уставился на неё.

Она кивнула:

— Ну у меня же был только один замок. Так что я пристегнула цепочку одной стороной только к перилам. Не к шее же её было пристёгивать.

12

Но Сэт не очень-то рвался меня приглашать, и я рассердилась.

— Это совсем не обязательно, — сказала я. — Если что, смогу опять переночевать у Джима.

— Ни в коем случае, — раздражённо буркнул он. — Без вариантов. Остановишься у нас. У тебя же вчера был до смешного огромный чемодан?

Я не ответила. Попробовал бы сам уместить всю свою жизнь в одну сумку. И, между прочим, сегодня ночью я в одиночку втащила этот до смешного огромный чемодан наверх по трём крутым высоченным лестницам. А чемодан, который ты можешь тащить сам, нельзя назвать слишком большим.

— Сейчас вернусь, — сказала я.

Я открыла входную дверь в доме Джима и зашла внутрь. Но на середине первой лестницы я остановилась и обернулась.

— Вы серьёзно? — спросила я. — Вдвоём потащитесь со мной наверх?

— Может, мне и девять, — сказала Эбби. — Но мне нравятся мальчики. Особенно раненые.

— А ты? — спросила я Сэта.

— А я на всякий случай, — отрезал он.

Я смотрела на его тощие руки и жутко серьёзное лицо, и мне захотелось как-нибудь гадко над ним пошутить. Но при этом и не хотелось говорить никаких гадостей.

Со стен на лестнице отлетала краска, и пахло водорослями. На первом этаже за дверями скандалили люди, на втором этаже гремела музыка.

— Он наверняка ещё спит, — сказала я шёпотом, когда мы оказались у мятной двери. — У него очень серьёзная травма. Не знаю точно, что там случилось, но у него на руках теперь только девять пальцев.

— Какой бедный бедняжка! — воскликнула Эбби с таким видом, будто ей сообщили, что завтра у неё день рождения. — А сколько вообще лет этому Джиму?

— Семнадцать.

— А Сэту пятнадцать, — с восторгом сообщила Эбби и посмотрела на брата. — Мама же всегда говорит, что у тебя мало друзей. Вот, может, вы с Джимом подружитесь.

Сэт злобно зыркнул на неё, но ничего не сказал.

Я осторожно открыла дверь. Мне в лицо ударила стена спёртого воздуха.

Джим уже не спал. Он сидел в постели, а рядом с ним лежал мой чемодан.

Чемодан был раскрыт.

А вокруг Джима на грязном матрасе и линолеуме цвета дерьма были разбросаны все мои вещи. Мой розовый лифчик на полу, а под ним клок светлых волос. Мой наичистейший спальный мешок в хлопьях пыли. Трое трусиков рядом с заплесневелыми корками в коробке из-под пиццы, а моя любимая жилетка — наполовину на волосатой ноге Джима, а наполовину — как раз на выдающемся холме под синим Коржиком.

У меня в голове случилось короткое замыкание.

— О! — сказал Джим. — Так ты, значит, вернулась? А я тут проснулся и ни хрена не пойму. Ты куда-то свалила с моими ключами, а тут только этот говённый чемодан.

Мне казалось, что я смотрю в микроскоп. Я чётко видела только свою одежду на полу. А всё остальное было как будто в темноте.

— Давайте уберём всё назад в чемодан, — услышала я голос Эбби. — Я помогу.

И тут я начала на них орать. Задыхаясь, как будто в истерике. Я слышала себя со стороны, но ничего не могла сделать.

Такое однажды случилось с моим компьютером. Я открыла новое окно, и он вдруг сам по себе начал одно за другим открывать всё новые и новые окна. Десятки, сотни, они появлялись намного быстрее, чем я могла их закрыть. Пока мой компьютер окончательно не завис, и папе пришлось нести его в ремонт.

Джим, Сэт и Эбби остолбенели и только смотрели, но никто не потащил меня в ремонт. У меня тряслись руки, на лбу выступил пот. Я понимала, что со мной что-то не так, и боялась того, что будет дальше. Как я буду себя чувствовать. О чём буду думать. Через пару минут я пойму, что умираю.

И это «умираю» было не в переносном смысле. Не тот случай, когда: «Ой, я так быстро еду на велике, сейчас просто умру».

Это было на самом деле. Я знала себя. Через пару минут я решу, что умираю.

— Что это с ней? — услышала я где-то вдалеке голосок Эбби.

— Чокнулась, — спокойно сказал Джим. — Сама не видишь?

У меня жутко заболело в груди. Дыхание сбилось.

Это конец.

— Надо что-то делать, — закричала Эбби. — Ей же правда плохо!

У меня перед глазами всё потемнело.

— Господи Иисусе, — сказал Джим. — Я звоню в скорую.

Я никогда больше не увижу своих родителей. Это точно. Я умираю.

И тут во всей этой темноте я вдруг почувствовала на плече уверенную твёрдую руку.

— Сядь, — голос Сэта доносился как будто откуда-то издали.

Я не собиралась садиться, потому что умирала, а на полу были волосы, крошки и дохлые мухи. Но он всё равно тянул меня вниз. В темноте я чувствовала на спине его ладонь.

И тут он начал со мной говорить. У меня жутко болели лёгкие, горело в горле, во рту пересохло, а внутри всё колотилось, и вспыхивало, и скрежетало, и я точно знала, что там всё ломается. Что я вся сломаюсь.

Но я всё равно его слышала.

— У тебя паника, — говорил он ровным, спокойным тоном. — Но это сейчас пройдёт. Ты остановишься у нас, не забыла? Кровать моей мамы сделана не из шерсти динозавра. И у нас есть мебель, как у всех нормальных людей. Стол, стулья, три книжных шкафа, и ещё есть диван...

Я слышала только своё дыхание. И его голос.

— И ещё у нас стиральная машина. Ты сможешь выстирать в ней все свои вещи. И мы сделаем тебе завтрак. Любишь бублики с омлетом?

Я не могла ничего сказать в ответ. Но мне хотелось, чтобы он продолжал говорить. И чтобы он сидел со мной рядом. Чтобы рядом был хоть кто-то в тот момент, когда я сломаюсь. Мне не хотелось умереть так, чтобы никто не заметил.

— *Slowly*... — говорил он. — Воздуха тут больше чем достаточно.

Я сложила ладони чашечкой и прижала ко рту.

— Молодец, — сказал Сэт всё тем же ровным и спокойным голосом. Как будто говорил с инопланетянином, который тут только что приземлился. — Видишь? Тебе уже лучше...

Постепенно мои лёгкие успокоились. А сердце перестало колотиться так, будто за мной гонятся. Короткое замыкание закончилось.

Я не открывала глаза. Я уже могла видеть всех остальных, но мне этого не хотелось. Я провела руками по щекам. Потом поднялась, пошатываясь, и стала собирать свои вещи. Мне просто хотелось уйти отсюда как можно скорее.

13

Я сидела в серебристом вагоне метро и мчалась среди небоскрёбов и парков. Напротив длинного ряда сидений, на котором я сидела, был целый ряд пассажиров, так что я смотрела в пол.

Действительность перестала быть просто кучкой одежды на полу. Микроскоп исчез. Я снова всё видела, и мне было дико стыдно. Со мной так было всегда. Потому что я никакая не чокнутая. Я знаю, как выгляжу со стороны. И понимаю, почему Джим решил, что я чокнулась.

Но это вовсе не значило, что я понимала самого Джима. Как этому идиоту вообще пришло в голову открыть мой чемодан? Мне было плевать, что он выглядел как сын Брэда Питта. Нечего лезть своими девятью пальцами в чужие вещи.

Я до сих пор не сказала спасибо Сэту.

Когда мы вышли из грязно-белого дома, я почувствовала, что он ждал от меня чего-то такого. Но я не смогла. Я могла только делать вид, что ничего не случилось. И оказалось, что Сэт тоже так мог.

Мне разрешили принимать душ сколько угодно долго, но через двадцать три минуты еда стала важнее чистоты. Бублики с омлетом, которые приготовил Сэт, были просто фантастические, но даже за них я его не поблагодарила. Потому что тогда было бы похоже, что я благодарю его и за то, другое.

— А теперь я проведу тебе экскурсию по Нью-Йорку, — закричала Эбби, как только я проглотила последний кусок.

Но Сэт покачал головой и сказал, что она под домашним арестом. Из-за истории с замком, цепью и выкинутым ключом.

— Но мы ведь не можем позволить Эмилии бродить по городу одной? — возмутилась Эбби. — А если она опять начнёт умирать!

— Всё с ней будет хорошо, — сказал Сэт. — А если нет, то наверняка найдётся кто-нибудь, кто знает, что делать в такой ситуации.

— А ты откуда это знал? — спросила Эбби.

— У меня в классе есть девочка, у неё бывают истерики, — коротко ответил он. — Её почти каждый день приходится реанимировать.

Во время этого разговора я стояла рядом — на бело-зелёной кухне, но, похоже, была совершенно невидимой.

И всё это время — пока Сэт доставал для меня чистое полотенце, и готовил мне омлет, и объяснял, как работает стиральная машина, — он ни разу на меня не взглянул. И его грязная рука ни на секунду не приблизилась больше к моей спине.

Я вышла на станции «77-я улица», и когда поднялась на поверхность, мне показалось, я попала в другой город. Я восторженно оглядывалась по сторонам. Здесь на Верхнем Ист-Сайде жили мультимиллионеры. Это было сразу заметно по зданиям с зелёными маркизами и портье в форменных пальто, по сверкающим автомобилям и женщинам без единой морщинки. Какой-то *dog walker* прошёл мимо с семью совершенно разными собаками на семи перепутанных поводках, а темнокожие няни толкали коляски с белоснежными младенцами.

Я смотрела на лица этих нянь. Я слушала, с какими акцентами они говорят. И пока я шла к Центральному парку, вспоминала, что было два года назад.

Когда однажды погожим сентябрьским днём я вернулась из школы, моя мать лежала на полу в своей мастерской, эффектно растянувшись среди кисточек и банок с растворителем. Она сказала, что больше не знает, как писать картины. Она их больше не видит. У неё в голове пустота.

Я сразу же поняла, что это моя вина. Моя и моего отца. Его только что назначили директором, а я только три недели ходила в среднюю школу. Мы были слишком заняты собственными делами. А мы так не договаривались.

И вот ведь какое странное дело. Я не присутствовала в тот момент, когда мы договорились. Никто мне об этом не сообщал, но я всегда знала, как устроена наша жизнь. На первом месте для моей мамы всегда были её картины. А она сама всегда была на первом месте для меня и моего отца.

Целый месяц мы втроём промучились. Моя мать лежала на полу в своей мастерской. У моего отца начались мигрени, и ему пришлось отменять одно совещание за другим. Я прогуливала уроки, бежала домой и снова и снова принимала душ.

И тогда мы наткнулись в интернете на Кэти. Она жила в Германии и хотела изучать историю искусств, но перед этим пожить год в Голландии. Мне было двенадцать, и я считала себя слишком взрослой для няни, но Кэти приехала присматривать не только за мной. Она приехала ради нас всех, и только благодаря ей наша жизнь не развалилась на кусочки. Она научила меня свистеть в два пальца и готовить яблочный штрудель, она рассказывала мне, как целоваться, и включала немецкий тяжёлый рок.

И благодаря ей моя мать наконец-то встала с пола.

На краю парка возвышался музей искусства Метрополитен. Самый большой музей мира был похож на храм. Он был белым и огромным, с колоннами и широкими ступенями, на которых собирались сотни туристов. Я медленно пробралась сквозь толпу и всё время напряжённо прислушивалась. Прежде чем зайти в музей, мне нужно было кое-что сделать.

Я остановилась рядом с шумным немецким семейством, присела на ступеньку чуть поодаль и достала телефон. Руки тут же опять задрожали. В этот момент я с большим удовольствием согласилась бы лизнуть мороженое, которое только что облизал Джим. Но если я сейчас не поговорю с отцом, он позвонит в полицию.

Он ответил в ту же секунду.

— Эмилия!

Я повернулась так, чтобы ему было хорошо слышно немцев на заднем плане.

— Как у тебя дела? — он явно нервничал. — Ты нормально добралась на поезде? Кэти встретила тебя на вокзале?

— *Es geht prima,* — сказала я по-немецки. — *Tipptopp. Vortrefflich.*

Мне было больно его ненавидеть. Но это получалось само собой.

— Нам нужно поговорить, — сказал он. — Ты ничего не хочешь обо всём этом слышать, но я должен объяснить тебе, что произошло на самом деле. Это совершенно необходимо.

— *Das ist absolut notwendig*, — быстро перевела я на немецкий. Мне не хотелось ни о чём думать.

— Прекрати обезьянничать! — разозлился он.

— Да господи боже мой! — закричала я ему в телефон. Несколько туристов обернулись в мою сторону. — С какой стати я должна ещё что-то слушать? Твиттер и фейсбук поливают нас грязью уже целую неделю. Честное слово, я по горло наслушалась!

— Но это же не то, что было на самом деле, — ты должна понимать! Это всё враньё! Ты должна выслушать и мою версию!

— Нет уж, спасибо.

— Эмилия, тебе четырнадцать! Ты не можешь просто так взять и сбежать за границу. Мы беспокоимся о тебе. Мы скучаем!

Болотный житель так до сих пор ничего и не понял. Он думал, что всё ещё имеет право притворяться любящим папочкой.

— Как обидно, — жёстко сказала я. — Но, может, тебе стоило начать беспокоиться чуть раньше? Например, до того, как ты разрушил мою жизнь? Тогда бы половина Нидерландов не желала нам сдохнуть. И я бы могла просто остаться в своей школе.

Он молчал три световых года.

— Я вчера уволился, — сказал он потом. — Ты уже знаешь?

Об этом я ещё не знала. И тут же отправила эту новость за загородки и заборы.

— Мне пора, — сказала я. — Мы идём ужинать.

— Я хочу поговорить с Кэти!

— Она в душе. Я не рассказала ей о том, что ты натворил. Мне хотелось оказаться там, где об этом никто ничего не знает.

— Эмилия...

Я нажала на красную кнопку и просидела тринадцать минут на холодной ступеньке. А потом отправилась в храм.

14

Этот музей был волшебным оазисом. Начищенные до блеска полы и ни малейшего следа плесени на стенах. Здесь пахло искусством, а здание было настолько огромным, что, даже если сюда съехалась бы посмотреть на картины половина мира, всё равно остались бы пустые залы.

Я бродила мимо средневековых алтарей, выцветших настенных ковров и египетских сфинксов. Я надеялась хоть ненадолго позабыть о действительности, но у меня не получалось.

Я смотрела на статую греческого бога и вспоминала Джима. Я видела серебряный глобус и думала, что он бы понравился моему отцу. А каждая картина, конечно же, напоминала мне о моей матери. И я всё время вспоминала то, что сказала Эбби: все мужчины грязные.

Я практически выросла в музеях, так что мне было не привыкать. Но всё равно, сколько же тут было голых тел! Взрослые с приличными минами делают вид, что это не считается — это же искусство, — но давайте будем честными, тут же кругом чистой воды порно.

Меня это дико злило.

В прошлом почти все художники и скульпторы были мужчинами. И что, разве это было жизненно необходимо — рисовать так много обнажённых женщин? И разве грудь — главный отросток на человеческом теле?

Я бродила по тихим залам и вдруг заметила, что у меня сжались кулаки. Тупые мужики. Недоумки. Озабоченные, грязные и похотливые.

Уж простите.

Но к какому выводу ещё я могла прийти? Вот она, краткая история мужчин: сначала они нарисовали такое количество голых женщин, что их под завязку хватило на все музеи. Потом они изобрели компьютер. А потом забили весь интернет порнухой.

Я смотрела на картину перед собой.

В первые мгновения я даже не видела, что на ней. Но как только до меня дошло, я резко развернулась и быстро пошла из этого зала. И из соседнего зала. Но она всё равно стояла у меня перед глазами. Пастельные тона, молодая женщина оборачивается через плечо, опуская ногу в ванну. Светлые волосы волнами спадают по её голой спине, и нам как раз видно одну идеальную грудь.

По поводу груди я не берусь ничего говорить. Но её улыбка была точь-в-точь улыбкой Юно.

Зал американского искусства наконец-то заставил меня на несколько минут забыть обо всём. В белом пространстве были окна в три этажа, и из всех них виднелся Центральный парк в его осенних красках. На улице сквозь облака наконец-то прорвалось солнце. Жёлтый, красный и оранжевый цвета на деревьях сияли так, как не может сиять краска ни на одной картине. Весь белый зал сверкал.

Меня начало подташнивать, и я купила бутылку колы в музейном кафе. Туристы за столиками изучали план огромного музея и глубоко вздыхали. Я пила свою колу и старалась не думать о том, что мой отец остался без работы.

За столиком рядом со мной сидели две американки, явно не из Нью-Йорка. У них был особый южный акцент, и размером каждая была как три здоровенных телевизора.

— Хорошо, что мы не взяли тот отель в *downtown*, — громко сказала ярко накрашенная блондинка. — Тот, где мы сейчас, не должно затопить.

— Интересно, а метро будет ходить? — спросила рыжая. — Ты не слышала?

Блондинка покачала головой и драматично вздохнула:

— Нарочно ведь не придумаешь! Раз в жизни выбрались в Нью-Йорк, и тут на тебе — ураган.

Мой стакан с колой завис в воздухе.

Я посмотрела на блондинку в упор:

— Ураган?

— Ты разве не знаешь? — удивлённо спросила она. — По телевизору только о нём и твердят.

Рыжая кивнула:

— К нам приближается ураган «Сэнди», дорогуша. Половина Ямайки уже сидит без электричества, на Гаити минимум пятьдесят погибших во время наводнения, а вчера этот «Сэнди» разнёс все Багамы.

— И послезавтра он будет в Нью-Йорке, — добавила блондинка. Она встала и взяла со стола поднос. — *Good luck, honey*. И смотри запаси побольше еды дома!

Я сидела за столиком как прикованная. Я не стала впадать в панику, потому что не поверила ни единому слову. В прошлом году я как-то проболела пару недель и за это время посмотрела все десять сезонов

«Друзей». Так вот, ни в одной из всех этих серий ни разу не было и намёка на ураганы в Нью-Йорке.

Я спокойно достала телефон. В музее был бесплатный интернет.

Я забила в гугле «*hurricane sandy*».

Прочла несколько статей.

А потом меня пробил дурацкий нервный хохот. И я уже не могла остановиться. Знаете, бывает такой смех? Так вот, у меня случился именно такой приступ. Потому, что ураган «Сэнди» существовал на самом деле. И он приближался. Никто не мог предсказать с точностью его маршрут. Было вполне вероятно, что в понедельник он пронесётся мимо Нью-Йорка и не затронет город.

Но это всё происходило сейчас и на самом деле. В мире существуют сотни тысяч городов. Но я решила сбежать именно в тот, который через два дня окажется в плену урагана.

Мой приступ смеха, конечно, очень быстро прошёл, и я не могла бесконечно оставаться в музее. У меня больше не было времени держать реальность где-то за закрытыми дверями. Мне нужно было к Сэту и Эбби. Нам нужно было готовиться к урагану.

15

«Приходи к лошади на Юнион-сквер. Будем есть лучшие буррито в городе!!!»

Сообщение от Эбби пришло, как раз когда я шла от музея к метро. Я сразу же достала карту города. Если выйду через три остановки, окажусь прямо на Юнион-сквер.

Когда мы ездили на каникулы, мой отец всегда забирал карты и планы в своё единоличное пользование, а я каждое лето семенила за ним как слепая курица. Но сейчас выяснилось, что и сама могу с этим справиться. Я могу дойти от одного места до другого. Я могу в одиночку познакомиться с городом.

Юнион-сквер оказался островом с деревьями и скамейками в море дорожного движения. А лошадь — памятником президенту Рузвельту — да, он сидел на коне. Я встала рядом с ним и быстро достала мобильный, чтобы чем-то себя занять. С телефоном в руке у меня хватало смелости даже посмотреть по сторонам.

Я сразу их увидела: Эбби в розовых резиновых сапогах и Сэт в полосатой шапке. У обоих яркие карие глаза, оба с решительными лицами. Единственная разница в том, что Эбби сияла так, будто собиралась спасти мир, а у Сэта был такой вид, будто ему предстояло надолго сесть в тюрьму.

— Вы не поверите! — закричала я. — Приближается ураган!

— Мы давно знаем! — крикнула Эбби в ответ.

Я уставилась на них:

— Серьёзно? И вы мне даже не сказали?

Сэт пожал плечами:

— Всё обойдётся. Тут сотни телеканалов, и всем надо нагнать побольше страху, чтобы их новости смотрели. В прошлом году тут тоже был ураган. Весь Нью-Йорк подготовился к глобальной катастрофе, а ничего не случилось. Все даже расстроились. — Он вздохнул. — Ну, пойдёмте.

Я не поняла, почему он так глубоко вздохнул и почему выглядел так, будто его заперли в клетке. Он шёл по городу со своей младшей сестрой и с девчонкой, которую сам вчера назвал красивой. Так что же ужасного было в том, чтобы поесть буррито в субботу вечером?

Но чуть позже я узнала ответ на этот вопрос.

Когда у тебя не очень много денег, но очень хочется поесть и желательно чего-нибудь американского — а это, между прочим, и есть мексиканская еда, — то в пасмурный субботний вечер нельзя придумать ничего лучше, чем отправиться за буррито в «Дос Торос» на Четвёртой авеню.

Честное слово. Когда мне стукнет девяносто и я буду скучать в доме престарелых, я буду вспоминать этот ужин.

В узком ресторанчике было тепло. Еду нужно было забирать самим: там уже стояла длинная очередь модных студентов. Обстановка была самая простая. Деревянные скамейки, деревянные столы. Никаких картин на стенах, только рассказ про двух братьев, которые приехали в Нью-Йорк и нигде не могли найти вкусных буррито, так что решили проблему сами.

Не знаю, было ли дело в языке или в этом городе, или на меня действовала разница во времени. В Нидерландах меня раздражали рассказы про жутко правильные рестораны здорового питания с продуктами исключительно от местных производителей, мне всё это казалось ужасно надуманным. Но здесь сработало. Я искренне поверила в историю о том, как два брата старались приготовить самый вкусный буррито.

И когда я наконец-то впилась зубами в тёплый свёрток с начинкой из чёрной фасоли, сальсы, сметаны, тёртого сыра, гуакамоле и нереально сочного, нежного обжаренного на гриле стейка, я убедилась, что это правда.

— О боже, — сказала я с набитым ртом. — Это лучший буррито в мире. Честное слово! Стейк такой нежный! А гуакамоле!

В первый раз я увидела, как Сэт широко улыбнулся. Весь подбородок у него был перепачкан соусом «сальса», но сейчас я могла и не обращать на это внимания.

— Мы приходим сюда как минимум раз в неделю, — сказал он. — Дольше мы без них не можем.

Я посмотрела на Эбби, которая слизывала сметану с пальцев. Потом опять на её брата, он как раз откусил огромный кусок. И так им позавидовала, прямо до боли. Мне так хотелось тоже приходить сюда каждую неделю.

Мне не хотелось сбежать сюда только на время. Я хотела тут жить.

Когда мы вернулись домой, я немедленно заложила в стиральную машинку новую партию белья. Я ужасно устала, и мне хотелось как можно скорее лечь спать, но я никуда не пошла, когда увидела расстроенную Эбби.

— Что случилось? — спросила я.

Она накручивала на палец кончик своей косички и ничего не говорила.

— За ней глаз да глаз! — Сэт уселся на диван с ноутбуком. — Рылась сегодня в морозилке. Похоже, насмотрелась фильмов, где девчонки остаются одни дома и занимаются только девочковыми делами. Красят ногти. Или рыдают и едят мороженое.

— Рыдать не обязательно! — возмутилась Эбби. — Это просто мороженое у телевизора. Это же так здорово. То есть... — Она посмотрела на меня, потупившись. — У нас есть мороженое с печеньками и шоколадом. И мы бы могли надеть пижамы...

— Спасите меня! — крикнул Сэт с дивана.

— Ну извини! — Эбби сердито посмотрела на брата. — Я бы тоже хотела быть мальчиком. Но я девочка, так уж получилось. И у меня нет сестры. А мама вечно на работе.

— Маме, вообще-то, приходится зарабатывать деньги, чтобы содержать нас троих.

— Без тебя знаю! — Эбби вздохнула. — И всё понимаю, честное слово. Я же не младенец, — и она пошла из комнаты. — Ладно, забыли. Ничего мне не надо.

Я посмотрела в пол. А потом двинулась за ней.

Через пятнадцать минут мы вместе смотрели «Симпсонов». Эбби хотела есть мороженое из одного огромного ведра, но мне с трудом удалось это предотвратить.

— Я тебе противна, — расстроилась она. Ресницы у неё до сих пор были мокрыми от слёз.

— Неправда! — закричала я.

— А вот и правда! Ты не хочешь, чтобы я лезла своей ложкой в твоё мороженое.

Я вздохнула:

— Прости меня. Дело не в тебе. То есть... Ты, например, знаешь, что у тебя во рту больше бактерий, чем людей на земле? У тебя там больше семи миллиардов бактерий!

— Серьёзно? — Эбби как будто повеселела. — Надо рассказать моим подружкам. — Она достала из шкафа две плошки. — То есть со своей мамой ты тоже не стала бы есть из одной миски? Или с папой?

— Ни с кем. Клянусь.

Когда мы уселись на диван, Эбби засомневалась:

— А может моя пижама касаться твоей пижамы? Или на пижамах тоже живут полчища бактерий?

Я не стала спрашивать, когда её пижама в последний раз была в стирке. Я просто сказала, что в этом нет ничего страшного.

И теперь она прямо-таки прилипла ко мне на диване и лопала своё мороженое. Я заметила, что и Сэт тоже тайком поглядывал «Симпсонов».

— Я играю, как будто ты моя сестра, — шепнула мне Эбби.

Я не стала признаваться, что делала то же самое.

16

Шесть утра.

На улице было темно, город наконец-то затих, но мне совсем не хотелось спать. Я сидела за компьютером в холодной гостиной Сэта, Эбби и их незнакомой мамы. Бегала глазами по строчкам на экране. Палец как бешеный кликал мышью. «О господи, — повторяла я шёпотом. — О боже мой!»

Десятки, сотни сайтов с новостями об урагане «Сэнди». Завтра вечером или ночью он обрушится на город. Блумберг, мэр Нью-Йорка, советовал всем запастись продуктами. И бутылками с водой. И свечами, и спичками, и фонариками.

Сайты синоптиков говорили, что «Сэнди» может стать самым разрушительным ураганом за всю историю. Он направляется к нам с юга, у нас над головами столкнётся с ледяным воздухом с севера и зимними ветрами с запада. А к тому же завтра будет полнолуние, которое вызовет очень высокий прилив, — не исключено, что город окажется под водой.

Я вздрогнула. Настольная лампа у компьютера бросала круг света на клавиатуру, а по комнате расползались тёмные тени. Когда у меня за спиной скрипнул деревянный пол, я подскочила от ужаса. Я обернулась и увидела посреди комнаты Сэта. Волосы у него торчали во все стороны, он был без футболки.

— Не спится? Джетлаг? — спросил он.

Я кивнула. Он подхватил с дивана свой свитер с капюшоном, пошёл к кухонной стойке и включил кофеварку. Потом молча склонился над газетой, которая валялась на столешнице. Я закутала ноги халатом его мамы и тут вдруг осознала, насколько же удивительно, что я оказалась здесь.

— Ты это видел? — спросила я.

Он не смотрел в мою сторону, но я всё равно показала на экран компьютера:

— Сегодня вечером уже закроют все станции метро. На всякий случай, для безопасности. И во всём городе откроют убежища для людей, если их придётся эвакуировать.

Сэт не отвечал, так что я продолжила:

— Пишут, что половина Нью-Йорка окажется под водой. И электричество может вырубиться!

Он наконец-то поднял голову:

— А ещё за пятнадцать минут в два небоскрёба могут влететь подряд два самолёта. Но вообще такого, как правило, не происходит.

Как будто кто-то дважды кликнул по файлу в моей голове.

Я тут же увидела перед собой те кадры. Как будто из фильма, но всё это случилось на самом деле. Синее небо, две залитые солнцем белые башни. И вдруг в одну из них врезается самолёт. Дальше огненный шар, чёрный дым, и дыра в здании в форме самолёта. И потом как будто всё поставили на повтор: ещё один самолёт. Ещё один взрыв. Ещё тысяча погибших.

— Ты был тут? — спросила я. — Ты уже жил в Нью-Йорке одиннадцатого сентября две тысячи первого?

Он кивнул. А потом вздохнул:

— Будешь кофе?

Ещё никто не предлагал мне выпить кофе тоном, который как будто кричал: «Я не хочу, чтобы ты была в моём доме. Если бы не ураган, я выставил бы тебя на улицу».

— *Yes, please*, — вежливо сказала я.

Я всё ещё не любила кофе, но какая разница, что сейчас пить.

— Значит, ты их помнишь? — спросила я. — Атаки террористов.

— Я до сих пор помню, как тогда пахло на улице. — Он протянул мне кружку с жидкостью чернильно-чёрного цвета и сел на диван рядом со своим ноутбуком. А потом вдруг резко помотал головой: — Знаешь, мне надоело. Я больше не хочу притворяться, что всё нормально.

Я замерла.

— Ты сама не видишь, как это всё странно? Ты возникаешь из ниоткуда. Сначала проводишь ночь в постели Джима. Потом у тебя случается паническая атака и тебе немедленно нужно перестирать у нас всю свою одежду. Ты пугаешься каждого звука, и вид у тебя постоянно такой, будто всё на свете потеряно, — кроме того раза, когда мы ели буррито, — тогда мы целые полчаса были лучшими друзьями. Но что бы ни происходило, нам нельзя ни о чём тебя спрашивать. Когда Эбби вчера попыталась, ты мгновенно как будто заморозилась.

Я это почувствовала. Именно то, что он назвал «заморозилась».

— Прости, — сухо сказала я.

Он пригладил тёмные волосы.

— Увы, я не такой вежливый, как Эбби. Но у меня были планы на эти выходные. Вебсайт, над которым я работаю, должен быть готов до завтрашнего дня. Но сначала моя сестра договорилась встретиться с каким-то психопатом из интернета, потом нам пришлось ехать успокаивать тётю Лею и остаться у неё ночевать, а потом ещё и ты свалилась на голову...

Я не ответила, и через некоторое время он пожал плечами:

— Ладно, проехали. Какая разница.

Он положил на колени ноутбук и открыл его.

Я точно знала, что сейчас происходит. Я никогда не осуждала людей, когда они сдавались. Отказывались от меня. Но это было совсем не здорово.

Я молча уставилась на свои руки. На белую потрескавшуюся кожу. На трещинки на пальцах и кусочки кожи вокруг ногтей.

— Ладно, — сказала я. — Что ты хочешь знать?

Он тут же поднял голову:

— Ничего особенного. — Глаза у него были чёрные, как кофе. — Что ты здесь делаешь?

— Я приехала посмотреть Нью-Йорк.

— Но почему ты одна? Где твои родители?

— Мои родители в Нидерландах.

— Они знают, что ты здесь?

— Нет.

Некоторое время он ничего не говорил.

— Ты сбежала? — спросил он наконец.

Я кивнула.

— Почему?

— Ты действительно хочешь это знать?

— Да, — сказал он и вдруг опять стал тем самым мальчишкой, который сидел рядом со мной в темноте. Который помог мне не задохнуться. — Я правда хочу это знать.

У меня в животе как будто что-то сопротивлялось. Мне стало больно, но я не захотела обращать на это внимания.

Я стояла на вышке высоко над водой. И собиралась прыгнуть.

17

— Хорошо, — сказала я, не глядя на Сэта.

И прыгнула.

— Так уж вышло, что мой чокнутый на всю голову отец не только мой отец, но и директор моей школы.

Я остановилась.

Он *был* директором школы, я всё время об этом забывала. А теперь он никто.

— В моей школе тысяча учеников, так что я не знаю их всех до одного. Но одну девочку из восьмого класса знаю. Её все знают. Кто разберёт, почему так получилось. Она на самом деле не такая уж смешная и милая. Но она жутко популярная, она всегда такой была. Вспомни какой-нибудь американский фильм про старшую школу и представь себе самую симпатичную девчонку-чирлидершу. Вот это и будет Юно.

Сэт кивнул:

— Я её уже ненавижу.

За окнами молчал Нью-Йорк, а Земля медленно поворачивалась на восток. В этот момент ураган «Сэнди» бушевал над Атлантическим океаном. Город ждал.

Я почесала затылок.

— Мама Юно — и *by the way*, эта женщина не нашла ничего лучшего, чем назвать свою дочь в честь богини Юноны, покровительницы брака... Так вот, её мать в прошлый вторник обнаружила в телефоне своей дочери шестьдесят семь сообщений. И все эти сообщения были написаны вовсе не её подружками или тётушками, или какими-нибудь старыми знакомыми. Они были написаны моим отцом.

— Господи Иисусе.

Я кивнула:

— Мой отец, директор школы, отправил шестьдесят семь сообщений семнадцатилетней девочке. Начал в апреле, а последнее написал в прошлый понедельник.

— И о чём он писал ей всё это время?

— Ты хочешь это знать?

Сэт кивнул.

— А я вот не захотела.

У меня сильно дрожали руки. Я сжала левую руку в кулак, но порез больше не чувствовался.

— Там, кстати, были не только сообщения. Они ещё и встречались. В кафе. Можешь себе представить? Мой пятидесятилетний папаша в бесформенном свитере и вельветовых брюках. И рядом с ним Юно. Он говорит, что давал ей дополнительные уроки по математике. Дифференциалы, интегралы, хм... — И *член-многочлен*: эту шутку теперь не вспомнил только ленивый. — Ну, в общем, он утверждает, что это были просто дополнительные занятия. Но Юно говорит по-другому.

— А кому веришь ты?

— Но зачем Юно врать, скажи на милость? Никому же не придёт в голову сочинять всякую чушь про пятидесятилетнего зануду? Это что, прикольная фантазия? — Я покачала головой. — Нет, правда. Так что мне совсем не нужно слушать версию моего отца. Меня просто тошнит от этого. Слышал бы ты, как он произносит её имя. Юно... Так мерзко.

Все загородки и заборы в моей голове рухнули и лежали на земле. Я оглядела голое пространство, и мне стало нехорошо.

Четырнадцать лет я думала, что мы семья. А теперь узнала, что мой отец всё это время играл. Только одна мысль о том, что он несколько минут — а может, даже несколько часов — сидел с телефоном в руке и думал, что бы ей написать, мысль о том, что он смотрел на неё все эти месяцы, мысль о том, что он сидел дома за кухонным столом и ужинал с нами, а сам думал о ней, — все эти мысли сводили меня с ума.

И было ещё кое-что.

Моя мать за всю прошлую неделю поговорила со мной только раз. То есть по-настоящему поговорила. И тогда она сказала не принимать всё это слишком близко к сердцу. Что иногда мужчины забывают о том, что надо вести себя разумно, — да, так бывает.

Но ведь это было совсем неправильно! Моя мать должна была взбеситься ещё больше, чем я. Это она должна была визжать, и рыдать, и угрожать моему отцу, что она его бросит.

Почему она этого не сделала?

— И что случилось потом? — спросил Сэт.

— Потом разверзлись врата ада. — Я пожала плечами. — Я учусь в этой же школе, и все до единого знают, что я его дочь. А Юно, конечно, не могла удержать свой рот на замке. То есть несколько месяцев у неё это отлично получалось, но как только её мать нашла сообщения, Юно разболтала обо всём своей лучшей подруге. И уже через час об этом знала вся школа. А через день — вся Голландия.

— *I'm so sorry for you.*

Он хотел меня утешить, но я ещё не закончила. Я спрыгнула с вышки, но ещё не долетела до воды.

— Ты же это хотел знать? — спросила я. — Почему я сбежала?

Он кивнул.

— Так вот, это только половина.

Рассказать вторую половину было проще, но я замешкалась.

— Твой отец ещё что-то сделал?

— Нет.

Я взяла ручку, которая лежала рядом с компьютером, и начала царапать на жёлтой клейкой бумажке.

— Всё остальное сделали другие люди. В интернете. Они услышали новость о моём отце, и вдруг у всех появилось своё мнение. Они решили, что он мерзкий похотливый урод. Ну, тут я не могу с ними спорить. Но они пошли дальше. Они сказали, что он насильник. И педофил. И кричали, что его место в тюрьме.

Я сделала глоток слишком крепкого кофе и закашлялась. Сэт дождался, пока я снова смогла дышать.

— Ты представить себе не можешь, насколько жестокими могут быть люди в интернете. Насколько отвратительными. Каждый час появлялись новые и новые угрозы. И нас называли такими словами, каких я даже не знала. Правда. Я не знала, что есть люди, которые сидят у себя дома за компьютером и придумывают, сколько есть способов убить человека.

Сэт посмотрел на ноутбук у себя на коленях и промолчал.

— Они говорили, что придут к нам домой. Они писали, что думают о моей матери. И что бы они хотели сделать со мной. Они очень ясно выражались.

Что если бы наш дом загорелся и мы все сгорели в нём заживо, мир бы стал намного лучше.

Я всё время пыталась помнить, что это были только слова. До сих пор эти люди ничего нам так и не сделали. По-настоящему. Они не подожгли наш дом. Не повесили моего отца. Но все эти слова имели значение. Настоящие, живые люди писали, что были бы рады, если бы я сгорела заживо.

— Вы заявили в полицию?

— Да, там пообещали с этим разобраться. По крайней мере, так сказали.

Я провела последнюю черту. Весь жёлтый листок стал чёрным.

— Но и мама Юно, кстати, тоже подала заявление в полицию. На моего отца. — Я положила ручку и посмотрела на Сэта: — Мне нужно было сбежать оттуда. Я не могла иначе.

Он ничего не сказал, только кивнул.

Я всё смотрела на него и вдруг спросила себя, сколько разных адресов есть в Нью-Йорке? И из всех этих миллионов домов мистер Гринберг выбрал для своей аферы именно адрес Сэта и Эбби.

Лучшего он и придумать не мог.

18

Я вернулась в постель.

Я не знала, что делать дальше там в гостиной. Мы сидели и молчали, и за окнами стало светать, пока Сэт раздумывал над белыми пятнами в моей истории.

Что было написано в шестидесяти семи сообщениях.

Как далеко зашёл мой отец с Юно.

Что за роль у моей матери во всём этом дурдоме.

И что хотят сделать со мной все эти люди из твиттера.

Я лежала с открытыми глазами в постели их матери. В голове у меня плясала целая туча никнеймов:

Брутал85

Мистер_крутой_красава

Горилла123

БартикГ

Ффдимменю

Зачем нужны слова, если они ничего больше не значат? И куда тебе бежать, если люди пишут: ничего удивительного, что твой отец не трахает тебя, ты для этого слишком уж страшная, — а полиция при этом говорит, что не нужно обращать на них внимания?

19

— Куда ты хочешь? — спросила Эбби с серьёзным лицом. На ней была жёлтая шапка с пришитым оранжевым клювом. — Лучше всего «Трейдер Джо», но до него дальше всего. «Кеймарт» дешёвый, но там всякая фигня. А в милом корейском супермаркете я знаю всех корейцев. А «Хол фудс» дорогой, выпендрёжный, но жутко вкусный.

Мы стояли на улице с четырьмя пустыми сумками. Сэт сказал, что это полный бред — закупать еду впрок, но я сказала, что заплачу за всё сама. Теперь я снова могла снимать деньги в банкомате, так что никаких проблем не было. От Сэта требовалось просто освободить кухонные ящики.

— Я возьму с собой Эбби, — шепнула я ему тихонько. — А ты пока спокойно поработаешь над своим сайтом.

Он кивнул:

— Ладно.

Наш разговор в шесть утра мы, не сговариваясь, определили как то, чего не было. Или, точнее, как то, чего почти не было.

Сэт перестал смотреть на меня с тайной надеждой, что я в ближайшее время растворюсь в соляной кислоте.

А когда он разрешил мне открыть новую банку «Нутеллы», хотя старая ещё не закончилась, у меня получилось сказать ему спасибо.

— Решай сама, — сказала я Эбби. — Я всё равно не знаю, что это за магазины.

Она помахала пустыми сумками, посмотрела на спокойное серое небо, а потом хихикнула:

— Мы пойдём во все четыре!

По дороге в первый магазин я ещё думала, что мы будем выглядеть по-дурацки со всеми этими сумками и серьёзными планами. Но спустя три часа я узнала, что половина Нью-Йорка — и я имею в виду *буквально* половину Нью-Йорка — сегодня делает запасы перед нашествием урагана.

Ещё никогда в жизни я не видела таких огромных очередей в кассы. Они извивались как змеи по всему магазину и не уменьшались. Кто-то из ньюйоркцев в ожидании читал книги, остальные просто смотрели по сторонам и гримасничали. В «Трейдере Джо» в хвосте каждой такой змеи стояли парень или девушка с табличкой «КОНЕЦ ОЧЕРЕДИ». Потому что иначе никто бы не поверил, что очереди могут быть такими длинными.

Я немедленно встала у такой таблички, пока Эбби носилась кругами и набирала продукты. В руке у неё развевался «ураганный список», который мы скачали из интернета. Из-за того, что электричество могло отключиться, нам нужно было купить продукты, которые долго хранятся без холодильника. Суп в банках, крекеры, арахисовую пасту и — это в списке было выделено большими буквами — *comfort food*. То есть еду, от которой тебе будет хорошо. Еду для утешения.

Мы с Эбби сразу определились: успокоительная еда во время урагана должна быть в больших пакетах и хрустеть во рту. Но, видимо, все остальные жители Нью-Йорка были с нами согласны, потому что полки с солёными орешками и чипсами уже почти опустели.

Эбби осмотрела их и всплеснула руками:

— Такого я никогда ещё не видела. Скоро во всём городе не останется вообще никакой еды! — Она рванула к двум последним пакетам попкорна и зажала их в руках.

— Кола! — крикнула я. — Мы забыли.

Но Эбби покачала головой:

— Тогда нам надо в «Киймарт». Тут они слишком двинутые на здоровой еде, чтобы продавать кока-колу.

— В каком смысле?

— Они считают, что кола чересчур вредная, и поэтому не продают её.

Я не поверила своим ушам. По телевизору всё время показывали таких жирных американцев, которых можно было вытащить из дома только подъёмным краном. Но жители Нью-Йорка оказались на удивление стройными. На каждом углу тут были спортивные школы, и фитнес-клубы, и классы для йоги, и все кругом бегали, а на каждой упаковке продуктов было написано, сколько там калорий.

— Вот, смотри. — Эбби достала с полки пачку каких-то зелёных хлопьев с надписью «Чипсы из кейла». — Если хочешь сойти тут за своего, надо есть вот это: чипсы из сырой, сушёно-мороженой, выращенной в биологическом, экологически чистом фермерском хозяйстве капусты кейл. Семь долларов за коробочку.

— Они ненормальные.

— Каждый год, — продолжала она с умным видом, — в Нью-Йорке становится жутко модным какой-то новый овощ. В этом году как раз эта капуста. Её суют во все салаты, прямо сырую. Даже сумки продаются с нарисованной капустой.

— Они тут правда совсем ненормальные.

— Не все. Вот у нас, к примеру, нет столько денег, чтобы быть такими чокнутыми. Но богатые нью-йоркцы — они точно больные на всю голову.

Итак, наша последняя экспедиция была в «Кеймарт». Мы стояли в очереди в кассу с четырьмя бутылками смертельно опасной колы. На этот раз очередь не была такой длинной, но женщина за кассой двигалась медленнее всех живых людей, которых я когда-либо видела. Время от времени она громко вздыхала и укладывала руки отдохнуть под огромной грудью. А потом опять начинала шевелиться как в замедленной съёмке.

— А ты знала, — вдруг сказала Эбби, — что Сэта уже три раза били в школе?

— Нет, — сказала я. — Я его знаю всего-то два дня.

— Ну и что с того? За два дня можно очень много всего спросить. — Она опять натянула на уши свою шапку с клювом. — А что было в пятницу, он тебе уже рассказал? Почему он помчался ко мне, а тебя оставил на пороге?

Я покачала головой, а она посмотрела на меня очень строго:

— Ты хочешь это знать или тебе всё равно? Или тебе больше хочется смотреть в телефон и проверять все эти списки у тебя в сумке? Тогда я могу помолчать.

Я сглотнула:

— Я очень хочу это знать.

— Ну тогда ладно. В общем, в пятницу я договорилась встретиться кое с кем, — она посмотрела на меня выжидающе.

— И с кем же? — послушно спросила я.

Она захихикала:

— С одним мужчиной с сайта знакомств.

— Эбби!

— Это не для меня. Фу, да ему уже целых сорок лет! Он был для мамы!

Очередь окончательно застопорилась. Что-то стряслось с кассой, и пришлось ждать менеджера с каким-то специальным ключом.

— Ты устроила своей маме свидание?

— Ну да! Папа умер уже два года назад и... — она запнулась.

— Не обязательно об этом говорить, — сказала я. — Если ты не хочешь...

— Ты что, я как раз хочу об этом говорить! Просто это всё так странно. Конечно, мы ужасно по нему скучаем. Даже не ужасно, а больше, чем ужасно. Мы супермегаужасно скучаем. Но Сэт и мама как будто заперлись в какой-то капсуле времени. Они делают вид, что он умер только на прошлой неделе. А ведь это не так.

Я ничего не сказала.

— А Сэт подрабатывает, делает на заказ интернет-сайты, ты же знаешь? Ну так вот, недавно у него был заказ на сайт знакомств. Он показал мне главную страницу, а я потом залезла на этот сайт. Девочкам там можно регистрироваться бесплатно, ну, я так и сделала. Загрузила мамино фото, и сразу прилетело столько сообщений. Это было так прикольно. Мужчины все просто ненормальные. Но сейчас не об этом, так вот, один человек прислал очень милое сообщение, и я договорилась встретиться с ним в пятницу. Чтобы проверить, подойдёт ли он маме.

— И что?

— Сэт припёрся раньше, чем пришёл этот *высокийсмуглыйкрасавец72*. Это было так гадко с его стороны! И если мама теперь никогда в жизни не найдёт себе мужчину, это всё будет из-за Сэта, — Эбби вздохнула. — Но он именно этого и добивается.

— Ты серьёзно так думаешь?

Она кивнула:

— Они хотят так и сидеть вдвоём в своей капсуле. И им всё равно, что я не с ними. Они этого даже не замечают.

20

Мы вернулись домой с тяжеленными сумками, набитыми едой. Эбби тут же бросилась разбирать покупки, а я направилась прямиком к компьютеру. Разумеется, у меня было полно и других дел, но я должна была проверить новости от бедных болотных утопленников. Был ли мой отец по-прежнему круглым идиотом. И нашлось ли наконец-то время у моей матушки, чтобы выйти со мной на связь.

Я открыла мейл от моего отца, прочитала первые строчки и покрылась мурашками.

— Эмилия! — позвала меня с кухни Эбби. — Если ты не придёшь прямо сейчас, я в одиночку набью весь шкаф.

Я сидела, уставившись на экран. Расставлять в голове загородки было слишком поздно.

— Я ставлю банки с чили кон карне на их законное место! — весело кричала Эбби.

Я поднялась. Это было ужасно странно, но в голове у меня вертелась только одна мысль: я должна рассказать об этом Сэту. Я подошла к его двери и постучалась.

— *Yeah?*

Я впервые оказалась в его комнате. Маленькое пространство с двумя компьютерами, битком набитый шкаф с инструментами, паутина разноцветных проводов и модель динозавра. А над кроватью — вот уж не ожидала — постер с картиной Пикассо. Бледная женщина одновременно в профиль и анфас.

— Что такое? — спросил он, развернулся на компьютерном кресле и посмотрел на меня.

Я почувствовала себя как женщина с постера. Он смотрел не только на моё лицо, как я вижу его в зеркале. После нашего утреннего разговора он видел меня ещё и со стороны.

— Мой отец знает, что я в Америке!

Я увидела, что он перестал дышать. У меня тряслись руки.

— Он не поверил мне после нашего вчерашнего разговора и начал копать. Нашёл в выписке по кредитке мой билет до Нью-Йорка и теперь летит сюда завтра первым же рейсом. И в полицию он тоже заявил. Я теперь не имею права появиться одной на улице и обязана сдаться в полицейский участок.

Я запыхалась. Это был мой город. Тут я чувствовала себя в безопасности. Но теперь всё закончилось.

— Но ты же не одна? — спросил Сэт. — У тебя же теперь есть мы.

Я посмотрела в его карие глаза, и моё сердце стало биться чуть-чуть спокойнее.

— И суп нашёл своё место, — крикнула Эбби из кухни. — Ты пропустила всё самое важное!

— Я не могу вернуться в Нидерланды, — напряжённым шёпотом сказала я Сэту. — Только не сейчас. Они ещё слишком громко орут там в интернете.

— Значит, ты не пойдёшь ни в какую полицию, — спокойно сказал он. — Напишешь своему отцу, что ты в безопасности, живёшь у приличных людей, а потом своё дело сделает «Сэнди», будем надеяться. И он не сможет сюда прилететь.

— А как же полиция? Он отправил им мою фотографию! И они будут меня искать. — Мои пальцы никак не могли успокоиться. — Я должна замаскироваться. Это единственный выход. Мне нужно перекрасить волосы и найти новое пальто.

Сэт удивлённо поднял брови:

— Серьёзно? Ты собралась перекрасить волосы, потому что тебя во время урагана будет искать полиция? Это прямо в стиле Эбби!

— Но что, если он сработает? — Я умоляюще посмотрела на Сэта, и через семь секунд он опустил взгляд.

— Можешь взять мамину куртку. Но вот краску для волос...

— Нам надо её купить! Как можно скорее, пока не закрылись магазины.

— Нам? — удивился он.

— Ну пожалуйста! Я боюсь идти одна.

Тут рядом со мной возникла Эбби.

— Чем вы тут заняты столько времени? — спросила она. — Я уже заполнила целый шкаф!

— Нам нужно быстро кое-куда сходить, — сказал Сэт. — А ты пока останешься дома, ладно? Мама будет звонить по скайпу.

— Но я хочу с вами, — тут же сказала Эбби. — Там так супермегакруто. Как будто все помчались за подарками на Рождество, но только это ураган. А с мамой я потом поговорю.

Сэт посмотрел на меня. Не знаю почему, но мне не хотелось, чтобы Эбби шла с нами.

— Мы просто сбегаем за арахисовой пастой, — сказала я.

— Это ужасно скучно, — добавил Сэт.

Эбби уткнулась глазами в пол.

— Если вы не хотите, чтобы я шла с вами... — сказала она с потерянным видом. Как будто её опять не взяли в чью-то капсулу. Я уже хотела сдаться, но Сэт вдруг сказал:

— У нас с Эмилией свидание. Поэтому тебе с нами нельзя.

Мы обе одновременно уставились на него.

— Правда? — спросила Эбби. — Ты всё-таки позвал её на свидание? И она не сказала, что ты противный и грязный? — Она посмотрела на меня: — Эмилия, ты пойдёшь на свидание с Сэтом?

Я понимала, что это не взаправду. Разумеется, понимала. Просто это был единственный способ в мире удержать Эбби дома — Сэт отлично всё придумал.

Но всё равно я чувствовала себя так, будто меня впервые в жизни позвали на свидание.

Я растерянно посмотрела на Эбби:

— Да, у нас свидание.

— Но если вам придётся целоваться! — подскочила Эбби. — Тогда у тебя во рту окажутся семь миллиардов бактерий!

Я незаметно вздрогнула.

21

— Ты часто ходишь на свидания? — спросила я Сэта, пока мы шли по Бродвею.

Он остановился:

— Ты же в курсе, что у нас не свидание? Я сказал это, только чтобы отвязаться от Эбби.

— Можно подумать, я не понимаю! — Я сердито сунула руки в карманы и почувствовала, что щёки у меня всё равно покраснели.

Небо у нас над головами стало цвета глины. Иногда поднимался ветер, и каждый раз я тут же думала: это первые щупальца «Сэнди»?

Старые здания в этой части Бродвея были в основном этажей по десять. Я повсюду замечала металлические витые украшения и рисунки на камне: лилии на длинных стеблях, павлиньи перья и волнистые линии. Разумеется, я ничего не говорила Сэту. Я уже давно усвоила, что обычным четырнадцатилетним людям не положено ничего знать про югендстиль и ар-деко. Никому нет дела до моих любимых стилей, но ведь в Нью-Йорке они на каждом шагу.

Мы остановились у целой стены с краской для волос в огромном магазине. Здесь были сотни разных названий и упаковок, и я понятия не имела, что выбрать. Я даже не подумала, какой хочу цвет.

— Нет, — вдруг сказал Сэт, разглядывая ряды коробок и тюбиков. — Я ещё ни разу не ходил на свидание. Да и зачем мне? Вот ещё заморачиваться.

— Вот именно, — быстро сказала я. — Я тоже так считаю. Напрасная трата времени.

— Ты уже решила, какой хочешь цвет?

Я покачала головой. Он посмотрел на мои гладкие русые волосы и нахмурил брови:

— Только не в блондинку. Тебе не пойдёт.

— У моей мамы рыжие волосы. Но я не думаю, что...

— Тёмно-коричневый, — сказал он. — Очень тёмный, почти чёрный. Но не совсем.

— Как у тебя?

Он пригладил непослушные волосы.

— Скорее, как у Эбби. Такие, ну, блестящие. И... вьющиеся.

Я вздохнула:

— Не думаю, что мои волосы начнут завиваться от краски.

Когда мы вышли из магазина, Сэт остановился. Он посмотрел на небо, потом на людей вокруг, которые кутались в зимние куртки.

— Слушай, — сказал он, — поедем на метро. Я хочу кое-что тебе показать. Всё равно мама с Эбби ещё долго не наговорятся, раз уж дорвались до скайпа.

Я засомневалась. Чем дольше я хожу по улицам, тем больше шансов, что меня узнают полицейские. Я посмотрела на пластиковый пакет в руках и подумала, что это, пожалуй, план в стиле Эбби. А может, и нет.

— Ладно, — сказала я.

Весь вестибюль в метро был увешан плакатами об урагане «Сэнди». На световых табло мигали яркие предупреждения о том, что последний поезд отправится в семь часов вечера.

— Бедные туристы, — сказала я. — Представляешь, приехать посмотреть Нью-Йорк именно на этой неделе...

Я произнесла это и только тогда поняла, что, вообще-то, и сама — бедный турист.

Когда мы поднялись на улицу на станции «Саут-Ферри», ветер заметно усилился. Мы прошли по маленькому парку, перебрались через ряд мешков с песком и оказались у воды. Она была серой и неспокойной, в воздухе носились кричащие чайки. Слева шёл оранжевый паром, а справа...

Моё сердце в этот момент как будто стало чуточку больше.

Там, в туманной дали была *Statue of Liberty*. Статуя Свободы.

Огромная женщина из серо-зелёного металла стояла на своём собственном острове. На голове у неё была корона, а в правой руке она гордо держала горящий факел. Как будто только что выиграла соревнование.

— Она уже стояла там, — сказал Сэт, — когда мои прапрадед и прапрабабушка причалили сюда на своём корабле. Их преследовали в России, и они решили эмигрировать в Америку.

У меня по спине пробежала дрожь.

— Только представь себе, — продолжил он. — Тогда ещё не было никаких самолётов и попасть в Америку можно было только на корабле. Три недели они были в пути. Три недели не видели землю и плыли в новый, неизвестный мир. В то время не существовало фильмов и нельзя было загрузить карты на мобильный телефон. Те люди понятия не имели, что их ждёт. И вот спустя три недели они оказались в порту Нью-Йорка. И увидели её.

Он показал на статую Свободы. Чайки с визгом носились у самой воды. От ветра мои волосы развевались и падали прямо на глаза.

— Леди Либерти, — тихо сказал он. — Первое, что видели все итальянцы, поляки, ирландцы и русские, которые мечтали стать американцами, — факел высоко в воздухе. Они оставили свои деревни и семьи. Свою прежнюю жизнь. И начали здесь всё заново.

Я смотрела на статую Свободы и пыталась представить себе, как это было. Не так, как сейчас, — уехать и потом каждый день отправлять мейлы и сообщения. Нет. Уехать и больше никогда в жизни не слышать ничего друг о друге. По-настоящему начать всё сначала.

Сэт развернулся, привалился спиной к металлическим заграждениям и смотрел на сверкающие небоскрёбы Уолл-стрит, на бронзового орла и на белые мешки с песком на набережной.

Я не знала, сколько людей видели Нью-Йорк именно таким. Серый покинутый город с бестолковыми мешками на переднем плане.

— Тебе, наверное, всё это кажется полной ерундой, — сказал он. — Вся эта история о стране свободы. Об американской мечте. В то время, когда мы ведём войны во всём мире. А в тюрьме в Гуантанамо люди десятилетиями сидят без приговора.

Я покачала головой:

— Вовсе нет. Это совсем не ерунда.

— О чём ты думала? — спросил Сэт. — Ты смотрела так...

— Я думала обо всех этих людях. Каково это было, приехать сюда в прошлом веке. Каким был тогда Нью-Йорк. И что делать, когда ты никого не знаешь и тебе даже негде спать...

Я не сказала ему, о чём подумала потом.

Что если бы это всё-таки было свидание, оно было бы идеальным.

22

— Вы только посмотрите! — воскликнула Эбби, не успели мы зайти. — Я спасла жизнь!

В гостиной пахло фасолью в томатном соусе. Отопление было включено на максимум, тихо играл джаз, а на диване под одеялом в цветочек лежал Джим.

Серьёзно. Кинозвезда с девятью пальцами вернулась.

Глаза у него блестели, а щёки были совсем красные. У Эбби глаза тоже сияли. Она заколола волосы и почему-то щеголяла в нарядном фиолетовом платье.

— О... мой... бог... — медленно произнёс Сэт. — Ты с ума сошла.

Эбби засмеялась:

— Ты каждый день это говоришь. Так что это невозможно. Если я уже вчера сошла с ума, то нечего сегодня опять удивляться.

Я ничего не сказала. Я не хотела, чтобы Джим лежал тут на диване. Это *я* жила у Сэта и Эбби. А этот парень был слишком красив, чтобы вот так запросто тут валяться. Ничего хорошего из этого не выйдет.

— У него температура, — сообщила Эбби. — Я потрогала его лоб. — Она посмотрела на меня: — Потом я помыла руки, честное слово. Жидкостью для мытья посуды. — Она схватила какой-то мобильный, и я узнала телефон Джима. — И я поставила ему диагноз. Остальные врачи ничего не понимают. И у Джима всё ещё десять пальцев на руках! Смотрите.

Она показала нам рентгеновский снимок на экране. Серо-белая рука скелета на чёрном фоне. Пять обычных пальцев, но через указательный проходит черта, которая заканчивается как раз у кости.

— Он резал мясо на такой жуткой машине. В ресторане, где работал. И там что-то сорвалось. Ещё чуть-чуть — и у него бы и правда осталось только девять пальцев.

Я вздохнула. Стоило мне отлучиться взглянуть на статую Свободы, и этот ребёнок успел узнать о Джиме абсолютно всё. Ну и что с того? Значит, он копался в моих вещах десятью пальцами. Мне от этого нисколько не легче.

— Эбби, — строго сказал Сэт. — В коридор. Немедленно.

На меня он даже не посмотрел, но я всё равно пошла за ними в полутёмную прихожую. Джим ни при каких условиях не может тут оставаться, мне это было совершенно ясно. Мы же на пару с Сэтом сумеем одолеть эту несносную девчонку?

— У меня опять домашний арест? — весело спросила Эбби, как только мы закрыли дверь в гостиную. — Но это же просто ужасно: торчать дома, когда на улице ураган.

Я смотрела на эту худенькую девчушку в вызывающей позе с гордо задранным подбородком и сразу поняла, что она сейчас делала. Она хотела разбить капсулу. Чтобы её мать и Сэт наконец-то выбрались из вакуума. И ей было плевать: будь что будет, лишь бы эти двое очнулись.

— Этот парень, — тихо сказал Сэт, — может оказаться убийцей. Господи, Эбби, поверить не могу, что ты к нему попёрлась!

— Потому что ваше свидание длилось целую вечность. И я тогда подумала, схожу-ка я посмотрю, по-прежнему ли Джим такой красавчик.

— Но ты же могла удостовериться и у него дома? — зашептала я. — Зачем было тащить его сюда?

— А как ещё я могла поступить? У него жар! Он забывает принимать лекарство, и из еды у него в комнате только кола и пара печенек. Не могла же я оставить его лежать там? Скоро начнётся ураган!

Лицо Сэта стало мрачнее тучи.

— И что, по-твоему, скажет мама, когда завтра вернётся домой?

— Но мама завтра не вернётся! Её рейс отменили, она сказала мне по телефону.

Я тут же подумала о своём отце. И о кровати, которая оставалась моей ещё на одну ночь.

— Нет, ну правда, — не унималась Эбби. — Джиму совершенно некуда деваться. Все его родственники живут в Детройте, из ресторана его уволили, потому что он больше не может работать. А друзей в Нью-Йорке у него нет. — Она посмотрела на меня: — Тебе же разрешили тут погостить? Да ещё и спать в настоящей кровати. А Джиму достался диван. Давайте у нас тут будет ураганный приют? Это же ведь так здорово!

Я уставилась в пол, потому что всё равно не хотела оставаться с Джимом под одной крышей. Когда он смотрел на меня, я не знала, куда себя деть. И он был похож на друзей Юно. Хотя с этим ничего нельзя было поделать — это я тоже понимала.

— Я с ним не разговариваю, — буркнул Сэт. — Он может остаться, пока не закончится «Сэнди», но я не желаю иметь с ним ничего общего.

— И пусть не смеет прикасаться к моим вещам, — добавила я.

— Ладно, — обрадовалась Эбби. — Наконец-то тут появился кто-то только мой. И он даже лучше, чем такса. — Она глянула на меня: — И лучше, чем сестра.

В нашем ураганном приюте всё вдруг изменилось.

Я молча наблюдала, как Джим пьёт из чашки ромашковый чай. Как Эбби взбивает его подушки. Как Джим проводит рукой по непослушным волосам. Я ничего не могла с собой поделать, но когда рядом на диване лежит кинозвезда, от неё невозможно отвести взгляд.

Кинозвезда повернул голову на три сантиметра влево.

— Ты, конечно, ещё ходишь в школу... — сказал он Эбби.

Она просияла и кивнула:

— У меня самые лучшие оценки по орфографии во всём классе!

Он вздохнул:

— Всем нужно как можно скорее бросать школу. Этот мир катится к чертям, а чему учит Америка своих школьников? Делать карьеру и зарабатывать кучу денег.

Эбби кивнула с серьёзным видом:

— Правда? Ты правда считаешь, что мне нужно бросить школу?

— Конечно, он так не считает! — сердито крикнул из кухни Сэт.

Джим пожал плечами:

— Все банкиры, все виновники кризиса ходили в школу. Президент Буш ходил в школу...

— Все на свете ходили в школу, — сказал Сэт. — И что с того? Ты о чём вообще?

Но Джим его не слушал. Он смотрел только на Эбби и всё говорил и говорил об ужасных вещах, которым учат в школе. Я прикусила губу. Как будто меня вообще не существует.

Джим даже не спросил, как у меня дела. Ему было не интересно, откуда я приехала. И, разумеется, он до сих пор не извинился передо мной за историю с чемоданом.

Я встала.

— Пойду красить волосы, — сказала я.

Он меня даже не услышал.

В одних трусиках я стояла перед зеркалом в ванной. На руках одноразовые перчатки, а на плечах самое старое из пяти полотенец, которые были у меня в чемодане. Я осторожно смешивала краску с окислителем. Пока я трясла флакон, я думала о людях, которые эмигрировали в Нью-Йорк целый век тому назад.

Спустя два часа я наконец-то решилась выйти из ванной. На шкале катастроф от урагана до угроз расправиться со мной цвет волос вообще ничего не значил. И всё равно я нервничала.

Джим всё ещё лежал на диване и яростно жестикулировал той рукой, что была без повязки.

— Как будто я выбирал этот грёбаный капитализм! А этот кризис сейчас...

Эбби сидела на стуле напротив него. И вид у неё был такой, будто она смотрит в кинотеатре фильм, в котором мало что понимает, но он ей безумно нравится. Сэт поставил ноутбук на кухонную стойку и наблюдал за сценой, с трудом сдерживая ярость.

Но тут Джим вдруг замолчал, и они все одновременно уставились на меня. У меня было ощущение, будто я только что сошла на берег с корабля. Я стояла на пристани, а Америка увидела меня в первый раз.

— Что, так ужасно? — спросила я. — Мне не идёт?

Сэт медленно покачал головой:

— Я...

— Потрясающе! — завопила Эбби. — У тебя глаза как будто светятся.

— Смотри осторожнее, — сказал Джим. — Если теперь выйдешь на улицу, у тебя сразу начнут спрашивать, не хочешь ли стать моделью.

— Ой, да ладно тебе! — Я изо всех сил пыталась сохранять спокойствие.

Джим склонил голову набок и посмотрел на меня. Но прежде чем он успел что-то сказать, Эбби снова затрещала:

— Это тебя должны звать в модели!

Джим пожал плечами:

— Меня и звали.

— Что, правда? И что?

— Да это полная грёбаная лажа! Сколько бабок вкладывают предприятия в рекламные кампании! И я должен там позировать в шикарных костюмах или с телефоном, который на фиг никому не сплющился? Ну уж нет.

— Даже если бы тебе платили кучу денег? — спросила я.

Он покачал головой:

— Вот в этом и есть вся беда этого мира. Люди делают то, что не любят, потому что им за это много платят. Продают наркотики. Банкротят банки. Становятся шлюхами. Я не думаю, что они делали бы это просто так. Но делают — за деньги.

Мы втроём не сводили с него глаз. Сэт — нахмурив брови. Эбби — как будто она по-прежнему сидела в кино. И я — чуть-чуть задыхаясь.

Джим кивнул:

— У меня есть теория...

— Хотите тыквенный суп на ужин? — спросил Сэт. — У нас ещё остался в морозильнике внизу. Эмилия, хочешь посмотреть наш подвал?

— Конечно, она не хочет смотреть никакие подвалы! — раздражённо возмутился Джим. — Что это тебе взбрело в голову?

— Эмилия! — позвал Сэт.

И оба уставились на меня. И оба ждали. Даже Эбби притихла.

Я почувствовала, что сердце у меня застучало как-то странно. Вряд ли я им нравлюсь — я прекрасно это понимала. Они просто глупые подростки, которые из всего устраивают соревнование. До того как Сэт позвал меня в подвал, Джим почти на меня не смотрел. А пока Джим тут не появился, Сэт и не думал показывать мне подвал.

— Ладно, — сказала я. — Давай посмотрим подвал.

Сэт выглядел победителем, но ему не стоило думать, что он выиграл в этой игре. К счастью, в этот момент на свете было только одно дело, заниматься которым мне нравилось больше, чем слушать Джима: говорить о нём.

Мы с Сэтом спустились вниз мимо старомодной решётки с металлическими завитушками. На моём запястье осталось пятно от краски для волос, которое скорее всего никогда не отмоется, но меня это почему-то не очень волновало.

У двери общего подвала мы остановились. Сэт посмотрел на меня.

— Этот дом, — начал он, — был построен...

— Джим совсем не такой, как я думала, — сказала я шёпотом. — Когда смотришь на него, первая мысль: он, наверное, жутко поверхностный. Но ведь он действительно думает об этом мире! Тебе не кажется, что это круто, что он не хочет работать моделью?

— Нет, — тут же ответил Сэт. — Если меня позовут работать моделью, я тоже сразу откажусь. Ничего особенного в этом нет.

— Сэт! — Я вздохнула. — Не веди себя как маленький.

— Я не веду себя как маленький, — громко зашептал он. — Можешь мне поверить, будь я таким Джимом, лучше бы повесился. Такие говнюки портят любую школу. Они думают, им можно всё и мир, само собой разумеется, всегда у их ног. Представь, что он учился бы в твоей школе. Знаешь, с кем бы завёл шашни?

Я сразу догадалась.

— С Юно! — громко сказал он. — В кино у капитанш чирлидеров парень вроде этого Джима. Он именно такой. Говнюк.

— Неправда! — Я всё ещё не могла нормально дышать. — Сначала я тоже так подумала. Но в этих фильмах — в них всё враньё. Потому что Юно, самая популярная девчонка в школе, на самом деле не встречается с самым симпатичным парнем. На самом деле она крутит шашни с моим отцом. А Джим, который выглядит как кинозвезда, на самом деле думает, как выбраться из экономического кризиса...

Сэт молча смотрел на меня. Но не так, будто я только что приплыла в Америку, а как будто я уплывала.

— Почему ты так смотришь?

— Как будто тебе не всё равно. — Он толкнул чёрную дверь подвала и шагнул внутрь. — Поговорим об этом через десять лет, — крикнул он мне из темноты. — Когда Джим всё ещё будет лузером без диплома. А я уже заработаю свой первый миллион.

— Придурок! — крикнула я ему. — Ты ничего не понимаешь! Дело вообще не в деньгах!

— Ха! — его смех отозвался эхом. — Так думают те, у кого их достаточно. И тот, кто может стащить кредитку собственного отца, чтобы от него же и сбежать.

И дверь захлопнулась.

23

Утро понедельника. Солнце только взошло, но мы уже приготовились к урагану. Мы приняли душ, позавтракали и почистили зубы и пока не могли придумать себе других занятий.

Это было какое-то сумасшествие. Мы сидели в нашем ураганном приюте и ждали стихийное бедствие, которое, *вероятно*, обрушится на Нью-Йорк. Вместе с восемью миллионами других людей мы напряжённо следили за каждым движением урагана. И никто толком не знал, что будет дальше. Может, прямо перед нами «Сэнди» повернёт в другую сторону и всё обойдётся. А может, он сотрёт полгорода с лица земли.

За окнами моросил серый дождь. Был довольно сильный ветер, но его никак нельзя было назвать ураганом. Мама Сэта и Эбби застряла в Сан-Франциско, и я была уверена, что мой отец сегодня тоже не смог улететь. Ему придётся ждать, как и всем нам.

Этот несчастный подлец слал мейлы каждый час, чтобы узнать, как у меня дела, а я каждые три часа отправляла ему в ответ короткое сухое сообщение. Даже знаменитая художница Нора Квин нашла время отправить СМС своей единственной дочери до начала всемирного потопа. Она ни слова не сказала о прошлой неделе. Ни слова про Юно. Ни слова о людях, которые собирались нас поджарить, четвертовать и изнасиловать. Она сообщила только, что, когда ей было двадцать лет и у неё ещё не появилась паническая боязнь полётов, она однажды тоже побывала в Нью-Йорке. И если у меня будет возможность, я непременно должна сходить посмотреть Коллекцию Фрика. Это самый прекрасный музей во всём городе.

Ближе к полудню мы с Эбби решили выйти на улицу, потому что начали сходить с ума от сидения дома. Ещё ничего не случилось, но Нью-Йорк уже стал напоминать город-призрак. Как будто его захватил смертельный вирус и только нам двоим удалось выжить.

Всё было закрыто: магазины, рестораны, школы, работали только больницы. На улицах почти не было машин. Время от времени мимо проезжал какой-нибудь мокрый велосипедист или кто-то из соседей выбегал на улицу закрыть жалюзи.

— В кого ты переоденешься в среду? — спросила Эбби, когда мы проходили мимо тёмных витрин с костюмами для Хеллоуина.

— Я же голландка, — сказала я, разглядывая паутину и скелеты за стеклом. — Мы не празднуем Хеллоуин.

— Что, совсем не празднуете? Я наряжусь мегастрашной зомби. — Она стянула с головы жёлтую шапку, и ветер тут же растрепал ей волосы. — Все остальные девочки собрались надеть что-нибудь секси, но это так глупо. Как будто монстры и ведьмы носят мини-юбки и завивают кудри. У монстров и волос-то нет. Монстры же все в сли-и-изи. — Она вдруг остановилась. — Как думаешь, Джиму нравятся секси-ведьмы?

Я расхохоталась:

— Я думаю, что Джим считает секси-ведьм... испорченными порождениями капитализма в это нелёгкое время экономического кризиса.

Эбби посмотрела на меня вопросительно.

— Нет, — я покачала головой. — Я не думаю, что ему нравятся сексуальные ведьмы.

Интересно, у мамы Эбби найдётся для меня костюм для Хеллоуина? Не слишком секси, конечно. Но и не антисекси. Настолько секси, чтобы всё ещё можно было поверить, что ведьма настоящая.

Когда мы вернулись домой, промокшие и продрогшие, я обнаружила, что на свете есть ещё более странное место, чем опустевшие улицы Нью-Йорка, — гостиная нашего ураганного приюта. Может, на улицах сегодня слишком мало людей, но здесь их явно чересчур много.

Сэт натянул на голову капюшон от свитера и отказывался говорить с Джимом. Я старалась как можно меньше к нему обращаться, потому что он вёл себя как малое дитя. Эбби переоделась в нарядное голубое платье и лаковые туфельки, а Джим только беззаботно всем улыбался. Температуры у него больше не было, и они с Эбби слопали два мешка чипсов.

На улице деревья с сердечными листьями размахивали разноцветными руками, ураган «Сэнди» приближался в прямом эфире, и мы одновременно смотрели в телевизор, компьютер и на наши телефоны. На местном канале ведущие в дождевиках рассредоточились в ожидании по всему Нью-Йорку. Включения велись из разных точек, но рассказывать пока было нечего. С каждым новым включением журналисты становились всё более промокшими и замёрзшими и сообщали, что ураган «Сэнди» уже почти здесь. Но ещё не совсем.

Даже на голландских новостных сайтах можно было прочитать, как дела у нас в Нью-Йорке. Мне стало нехорошо. Далеко в Нидерландах они называли «Сэнди» разрушительным монстром. Они писали, что Америка трясётся и содрогается в ужасе, и подозревали, что стихия унесёт десятки жизней.

Мои руки под шерстяным свитером покрылись мурашками.

Я посмотрела на Сэта, потому что мне хотелось спросить у него, нужно ли бояться. Эбби ещё ребёнок, Джим говорит только о финансовом кризисе. Если кто-то и мог сказать, что мы в настоящей опасности, это Сэт. Но он даже не поднимал голову. Он сидел за высокой кухонной стойкой и с нахмуренными бровями резал на мелкие кусочки жёлтую клейкую бумажку. Я всмотрелась и поняла, что это моя бумажка. Это её я тогда изрисовала чёрной ручкой.

Ближе к вечеру деревья за окнами начали гнуться всё сильнее. Почти стемнело, и полил сильный дождь. В телевизоре мэр Блумберг настоятельно советовал всем закрыть шторы и опустить жалюзи, чтобы стекло не влетело в комнату, если ураган разобьёт окна.

— А я об этом даже не подумала, — сказала Эбби. Вид у неё был взволнованный.

Сэт опустил жалюзи, и я в глубине души порадовалась, что нам не нужно больше смотреть на холодные зеркальные прямоугольники окон.

Мэр сказал, что все школы будут закрыты и завтра. И пока он в очередной раз повторял, что в социальных центрах готовы приютить не только людей, но и домашних животных, нам показали перепуганного кота и наглую рыжую собаку, которая решила покакать прямо посреди какого-то спортивного зала.

С серьёзным лицом Блумберг рассказывал, что многие отказываются покидать свои дома и тем самым подвергают себя опасности. Он назвал такое поведение глупым и эгоистичным. Потому что, когда потом всех этих людей придётся спасать пожарным, они подвергнут опасности и пожарных тоже.

— Сейчас уже поздно куда-то перебираться, — сурово сказал он. — У вас были все шансы, но вы их упустили. Оставайтесь там, где сейчас находитесь.

Я почувствовала в затылке неприятный холодок.

Мы молча смотрели на комментаторов в дождевиках: им уже было что рассказать. Уровень воды в реках слева и справа от нас стремительно повышался, Манхэттен начало заливать. Я вдруг вспомнила набережную, где вчера смотрела на статую Свободы. Она уже была под водой, которая ещё не добралась до мешков с песком, но мокрый насквозь ведущий кричал в микрофон, что ему велели немедленно покинуть набережную. Там становилось слишком опасно.

Я подошла к окну и приоткрыла жалюзи. Дождь лил сплошным потоком. Порывы ветра швыряли струи воды в окна с такой силой, что казалось, ты сидишь в машине на мойке. Фонарей почти не было видно, а ветки деревьев с сердечными листьями не находили себе места.

Я каждый раз думала: ветер не может стать сильнее. Ещё чуть-чуть, и дома оторвутся от земли. Но «Сэнди» каждый раз доказывал, что способен на большее.

Я видела ураган своими глазами, слышала, как он воет. Он бушевал, с бешеной скоростью носился вдоль домов и бил в окна с такой силой, что я в испуге опустила жалюзи и отступила назад. Я вдруг живо представила себе, как этот ветер запросто разбивает стёкла.

Мы даже перестали есть попкорн и чипсы. *Comfort food* слишком отвлекал. Мы смотрели телевизор и слушали ветер. Эбби всё время сидела рядом с Джимом, и я тихо устроилась рядом с ней. Сэт всё ещё работал за кухонной стойкой, но потом тоже перебрался к нам на диван. Мы знали, что самое страшное ещё впереди. Об этом сообщили в новостях. Об этом завывал ураган за окнами. С каждым порывом он становился сильнее. Стихия бушевала всё больше.

И тут свет начал мигать.

Я затаила дыхание и почувствовала, как Эбби рядом со мной замерла. Но никто не успел сказать и слова, как всё опять стало как раньше, лампы горели как ни в чём не бывало.

— Что это было? — спросила Эбби шёпотом. — Это отчего?

Ей никто не ответил.

Голоса по телевизору становились всё резче и громче. Ждать больше нечего, ураган был прямо над нами. В Квинсе, на востоке города, объявили о первой жертве — там упало огромное дерево и расплющило дом и человека, который в нём находился. Я нервно сглотнула. «Первая жертва», — сказали они так уверенно, будто точно знали, что будет больше.

А потом свет опять мигнул.

Спустя две секунды всё погасло. Экран телевизора стал чёрным, и монитор компьютера тоже.

Мне показалось, что и моё сердце тоже отключилось.

И тут лампы снова загорелись.

— Жутковато, — сказал Джим.

— Я не понимаю, что это такое, — голос Эбби стал пронзительным. — Он то включается, то выключается. Значит, там ничего не сломалось. Но почему он тогда мигает? Я не понимаю.

Пока Сэт включал компьютер и телевизор, мы слушали вой «Сэнди» на улице. Он бил в стены и колотил в окна. Дождь бросался в стёкла, по телевизору показывали всё больше затопленных городских кварталов. На улице как будто с треском что-то переломилось и завизжала сирена.

Я подвинулась поближе к Эбби и стала смотреть на лампу над кухонной стойкой. И внезапно перестала дышать. Стеклянный плафон на длинном шнуре тихонько раскачивался из стороны в сторону.

Этого не может быть, сказала я сама себе. В доме не было ветра. Дверь на замке, окна закрыты. Как может качаться лампа? И тут я поняла.

Это не лампа качалась. Это дом.

Лампа спокойно висела над столешницей, это здание тихонько раскачивалось туда-сюда.

Я хотела показать на неё пальцем и закричать, что кирпичи и бетон не могут качаться на ветру, но не смогла произнести ни звука. Все звуки в этом мире сейчас захватил ураган «Сэнди».

И тут вдруг без всякого предупреждения, без щелчка, без вспышки стало темно.

И так темно и осталось.

24

Тридцать секунд мы молча ждали.

Потом где-то вдалеке послышался звон разбитого стекла и опять завизжали сирены. Было темно. Так темно, как ещё не было в этом веке. Нигде не горело ни единой крошечной лампочки. Все буквы на всех экранах погасли.

— Он больше не включается, — у Эбби задрожал голос. — Что...

Она вдруг замолчала, потому что где-то в комнате возникло светлое пятно. Это Сэт включил свой телефон, подошёл к окну и выглянул на улицу.

— Господи, — сказал он. — Вся улица тёмная. Совсем ничего не видно, ни одного дома. Огромная часть города вообще без электричества!

Я на ощупь подошла к нему и раздвинула жалюзи. Захваченное ураганом небо было чуть светлее, чем очертания зданий. «Сэнди» было наплевать, что мы остались без света. Он ревел, грохотал и рвался в окна. Стекло то вдавливалось внутрь, то выгибалось наружу.

Мы с Сэтом одновременно отпустили жалюзи.

Лучше было ни о чём не думать. Если стоять у окна и вдруг разобьётся стекло, в глаза полетит дождь осколков. А куда бежать, если поранишься в ураган? В больницах ведь тоже темно?

— *Fuck*. — Лицо Джима снизу подсвечивалось телефоном. — Интернет отрубился, и у меня даже сеть не ловит! Посреди Манхэттена, это что ж творится-то, народ!

— Ты серьёзно? — спросила Эбби. — У меня в жизни такого не было, чтобы сеть не ловилась! — Она посмотрела на свой телефон. — И он у меня вот-вот разрядится... Вот что должен был сказать наш мэр: люди, зарядите свои телефоны, пока не поздно!

Я остановилась посреди комнаты. В этот момент я физически чувствовала темноту. Она сдавливала меня со всех сторон. Я её вдыхала.

Я чувствовала себя каким-то дураком из сказки, которому разрешили загадать желание, а он навлёк на себя настоящую катастрофу.

«Да пожалуйста, — сказала мне вселенная. — Вот тебе всё как ты хотела. Целый город без интернета. Без твитов с угрозами и без гадких сообщений».

— Но это ведь не может длиться долго? — спросила я странным чужим голосом. — У нас в Голландии тоже однажды отключилось электричество. И там всё уладили за два часа. А это ведь Нью-Йорк!

— Вот именно! — сказал Джим. — Это Нью-Йорк.

Всё стихло.

— Это ты о чём? — спросила я. Потому что и у него голос был странный. — Ведь хорошо же, что Нью-Йорк? Мы совсем недалеко от Уолл-стрит, а всем этим банкам никак не обойтись без электричества. Они сейчас быстро соберут пару тысяч электриков, и те мигом всё починят. И у нас совсем скоро опять будет свет, да?

— Довольно оптимистичная картина, — вздохнул Джим. — Вообще-то, это может затянуться на неделю.

Я чуть не поперхнулась темнотой.

— Неделю? — визгливо спросил мой голос. — Неделю без света и без телефона? Им нужна неделя на то, чтобы припаять обратно какие-то дурацкие провода?

— Ну смотри, — начал Джим на удивление спокойно. — Америка — богатая страна, но деньги в основном сосредоточены в предприятиях. А американские власти вовсе не такие...

— Да боже ж ты мой! — взорвался Сэт. — Нам сейчас вообще ни к чему всякие заумные теории. Просто давайте надеяться, что всё быстро починят. Что бы там ни сломалось.

Мне хотелось закричать: так посмотри в интернете, что там случилось! Но он не мог этого сделать.

Это ощущение беспомощности и чувство, что меня заперли, обычно накрывало меня на контрольных работах в школе. Когда тебе не за что ухватиться, а из ресурсов только собственные мозги. И никакой информации со стороны. Вот и всё.

И тут я вспомнила ещё кое-что. Я уже несколько часов не отвечала на сообщения моего отца. Я хотела написать ему перед тем, как пойду спать. Но теперь он совсем ничего от меня не получит.

Я ненавидела его каждой клеточкой своего тела, но у меня начинала кружиться голова от одной мысли, что сейчас он дома, в Голландии не спит всю ночь и ждёт от меня сообщений. Я не сказала ему, где остановилась, он понятия не имел, что со мной происходит. Он не знал, сижу ли я без света, или меня уже смыло волной и я лежу на дне Ист-Ривер.

Он это заслужил, сказала я себе. Вот и пусть подёргается. Но голова продолжала кружиться.

— Я думал, у нас есть свечи, — раздался раздражённый голос Сэта с другой стороны комнаты. — Эбби, ты не знаешь, куда мама их засунула?

Она покачала головой, и мы посмотрели друг на друга в свете двух телефонов. Мы прождали целый день. И за всё это время не подумали о том, чтобы достать свечи. Где-то в глубине души я всё ещё не верила, что здесь, в самом центре мира может отключиться электричество.

Сэт вернулся из самого тёмного угла и упал в кресло.

— Хорошо ещё, я успел набрать полную ванну воды. — Он потёр рукой лоб. — Хоть что-то.

— У нас нет электричества, — недовольно буркнула я. — При чём тут вообще вода?

Он посмотрел на меня:

— Ты серьёзно?

Я всплеснула руками:

— Ага! Посмотри по сторонам, видишь, темно! Вот что случилось!

— А зачем тогда вы с Эбби волокли те бутылки с минералкой?

— Просто так. Потому что они были в списке. Чтобы подготовиться к урагану.

Я вдруг поняла, что и в самом деле купила воду просто так. Потому что она была в «ураганном списке». Но я ни на минуту не задумалась о том, почему американцы решили, что в случае отключения электричества им в их образцовых шкафах с запасами понадобится вода.

— Вода у нас тут, — начал Сэт, — подаётся на верхние этажи при помощи электрических насосов. Так что нет электричества — нет воды.

— Я тебе не верю, — выпалила я и немедленно отправилась на кухню. Я не хотела в это верить.

— Стой! — крикнул Джим. — Сперва поставь под кран кастрюлю, а потом уже открывай. В водопроводе обычно ещё остаётся немного воды. Нам всё пригодится.

Я молча стала искать кастрюлю. Руки у меня дрожали. «Нет воды» означало не только «нам нечего будет пить», но и «мы не сможем принимать душ». Нам будет нечем смывать в туалете. И нечем мыть руки.

Эбби стояла рядом со мной, когда я открыла кран. Я было подумала: ага, вот видишь! Этот глупый мальчишка болтал ерунду. Вода никуда не делась. Но струя становилась всё тоньше. Потом из крана начало только капать. А потом и капель уже не осталось.

При свете мобильного телефона я смотрела на пустой кран. Я чувствовала, как на моих руках пляшут бактерии. И визжат от радости, потому что вселенная исполнила и их желание.

Я прикусила губу и ощутила, как мир зашатался у меня под ногами. Ну почему я час назад не сходила в душ ещё раз на всякий случай? Ну почему я не задумалась, зачем покупаю все эти бутылки с водой?

— Ты нормально себя чувствуешь? — спросила Эбби и снова включила мобильный. — Ты боишься темноты?

— Нет, — хрипло ответила я. — Проблема не в темноте.

Я вспомнила ночи, когда мы с папой забирались с телескопом на нашу крышу. Он рассказывал мне о кометах и учил считать в световых годах, он говорил очень тихо, как будто мы боялись разбудить соседей. И там, на крыше, я узнала, что в темноте видно гораздо больше, а не меньше.

Кран поблёскивал в свете мобильного Эбби, я смотрела на него и старалась дышать спокойно. Мне нужно было что-то придумать для себя, какую-то отговорку, причину, по которой всё это могло бы стать не таким уж кошмарным. Но у меня не получалось. Неделя без душа — против этого не могло быть никаких отговорок.

— А-а, — сказала Эбби. — Я поняла! — Она посмотрела на меня очень серьёзно. — Ну и подумаешь, воды какое-то время не будет. У тебя же есть влажные салфетки?

Я не ответила.

— Эмилия! — строго сказала она. — Сколько упаковок влажных салфеток сейчас у тебя в чемодане?

— Четыре, — шёпотом ответила я. — И вчера я купила ещё три.

Эбби кивнула:

— Значит, если ты будешь тратить по пачке в день, тебе хватит на неделю. Нет, серьёзно, ты будешь супермегачистой.

Я всё ещё смотрела на пустой кран.

— Ты только подумай, — опять зашептала Эбби. — Это же приключение. Настоящее приключение. Ведь обычно приходится из кожи вон лезть, чтобы придумать хоть что-то интересное, а сейчас всё происходит само собой!

На улице что-то глухо грохнуло.

— Эмилия! — быстро сказала она. — Можно мне сегодня ночью спать с тобой?

Я посмотрела на неё и поняла, что не смогу отказать. Если бы её мама была здесь, то Эбби, конечно же, разрешили бы спать в большой кровати. Но без света стиральная машина тоже не работала, а простыни не очистишь влажными салфетками.

С этого момента всё вокруг будет только грязнее и грязнее.

— Эй! — крикнул с дивана Джим. — Вы там что, решили устроить похороны крана? Что вы делаете?

Эбби поскакала обратно в гостиную.

— Эмилия разрешила мне сегодня спать с ней в одной кровати!

Джим засмеялся:

— А я ещё в пятницу спал с Эмилией в одной кровати.

— Она не храпит?

— Нет, но во сне разговаривает. Только я ничего не понял, потому что это было на её родном языке деревянных башмаков. И да, если не уследишь, она будет к тебе прижиматься.

Сэт громко что-то пнул.

— Не могу найти свечи! И не собираюсь разрядить телефон за один вечер. Так что я пошёл спать. Всё равно тут темно.

— Подожди! — закричала Эбби. — Джиму ещё надо принять антибиотики!

Разумеется, он мог бы проглотить свои таблетки и без публики. Но всё равно мы с Сэтом остались и смотрели. Смотрели, как Эбби со светящимся телефоном идёт на кухню. Смотрели, как она достаёт воду из нашего шкафа с запасами.

— Первая бутылка, — торжественно объявила она, открутила крышку и налила полстакана.

— А сколько бутылок вы вообще купили? — спросил Джим.

— Шесть, — сказала я, не глядя на парней. — Шесть по полтора литра.

Девять литров воды. На четверых.

На целую неделю, если Джим окажется прав.

Я хотела закричать, но сдержалась. Я вдавила ногти в подушечки на ладонях и стала слушать «Сэнди». Сегодня он задыхался, стонал и рыдал за меня.

25

Посреди ночи я испуганно вскочила. Наверное, где-то поблизости опять разбилось стекло. Или упало дерево. Тёмная голова Эбби рядом со мной не двигалась. Я натянула спальный мешок до самого носа и стала слушать «Сэнди». В грозу нужно считать секунды между молнией и громом, так можно узнать, как далеко от тебя грозовая туча. Но «Сэнди» бушевал, не останавливаясь ни на секунду.

Я понятия не имела, что сейчас происходило в других районах Нью-Йорка. Во всём мире люди знали о нас больше, чем мы сами. Я подумала о моём отце, сидит ли он до сих пор за компьютером. Прочитал ли он новости о первой жертве. А потом я задумалась, общался ли он ещё с Юно с прошлого вторника и есть ли мне вообще до всего этого дело.

Было так странно, что невозможно включить свет в комнате прямо сейчас. Я лежала в темноте не по своей воле, а потому что других вариантов не было. На улице выли сирены.

И тут я резко села.

Я не знала, где мой паспорт. Я решила, что носить его повсюду с собой в сумке опасно, но никак не могла вспомнить, куда же его спрятала.

Я выбралась из спального мешка, взяла телефон и принялась искать. Я точно помнила, какие варианты перебирала и думала: вот сюда можно его положить. Но я понятия не имела, куда же в конце концов сунула паспорт. Сердце выскакивало из груди, я достала из шкафа чемодан и начала рыться во всех отделениях. Я как одержимая открывала ящики в шкафу и шарила под носками и трусиками женщины, которую даже не знала.

— Эмилия! — раздался в темноте голос Эбби. — Что случилось? Нам надо вставать?

— Ничего не случилось, — отозвалась я. — Я просто ищу свой паспорт.

— А зачем он тебе?

— Я вдруг подумала о свечах в каждом доме. — Я даже запыхалась. — Обо всех этих свечах... Все же зажгли свечи. А если начнётся пожар и нам придётся бежать отсюда, непременно понадобится паспорт.

— Мне тоже! — немедленно подхватила Эбби.

— Но ты американка. У тебя тут куча знакомых. А если я вдруг потеряю сознание, то в этой стране меня некому будет даже опознать.

— Я тебя знаю.

— И какая у меня фамилия? — Я посветила телефоном в лицо Эбби. Глаза у неё были огромные и тёмные.

Она медленно покачала головой. А потом выпрыгнула из постели:

— Я принесу свою школьную карточку.

Я продолжила поиски. Дисплей то и дело выключался, да и вообще, свет от него был слишком слабым. Паспорта по-прежнему нигде не было, так что я начала одну за другой перетряхивать книжки в шкафу.

И вдруг со мной случилось то же, что и с тем мальчишкой в документальном фильме — с тем, что всё время думал, что он ненастоящий. Я посмотрела на себя как на актрису из фильма: из странного чёрно-белого фильма, где героиня как заведённая трясёт книжки. Задыхается, потеет, чихает от пыли. Я чуть не рассмеялась над этой девчонкой в клетчатой пижаме, но у меня не получилось. Потому что я знала — это я сама.

Когда-то давно на крыше я узнала, что темнота — это не страшно. Но сегодняшняя темнота была слишком похожа на мою собственную темноту. Бездыханную черноту, в которой можно заблудиться и умереть. Без паспорта. В чужой стране.

Наконец я добралась до нижнего ящика тумбочки возле кровати и чуть не упала: как я могла забыть, что мой паспорт лежал именно там. Я же засунула его в сумку в цветочек вместе с папкой с бумагами и телефоном. Там же лежали переходник и зарядка для телефона. А ещё парацетамол, влажные салфетки, дезинфицирующий гель и зубная щётка.

— Вот, — сказала Эбби и протянула мне заламинированную карточку. — И можешь его тоже спрятать? — Она сунула мне под нос серого потрёпанного кролика с обмусоленными ушами.

Я попятилась назад.

— А, ну да, — сказала она и вздохнула.

Я поставила сумку у двери, Эбби положила кролика с другой стороны дверного проёма.

— Я сама его понесу, когда нам надо будет спасаться.

Дрожа от холода, мы снова забрались в постель. Мои грязные босые ноги царапнули по нежным внутренностям спального мешка. На улице снова что-то рухнуло.

— Эмилия! — шёпотом позвала Эбби. — Расскажи мне какую-нибудь сказку или историю. А то я уже не могу слушать «Сэнди».

— Я не люблю выдуманные истории, — сказала я. — Но могу рассказать тебе что-нибудь правдивое. — Я повернулась на бок. — Кстати, моя фамилия де Вит.

Я объяснила ей, как писать мою фамилию. И сказала, когда у меня день рождения. И ещё назвала фамилию моей матери — её проще всего было найти в гугле, конечно в тех краях, где ещё был интернет. Я знала, что Эбби всё запомнит.

А потом я рассказала ей про Бенджамина Франклина, который запускал воздушного змея, чтобы поймать молнию.

Когда я проснулась, вторая половина кровати уже была пустой. Я встала, раздвинула шторы и посмотрела на улицу. *Светло*.

Я никогда ещё не задумывалась, насколько же это удивительно, что каждый день наступает утро. И нам даже не надо за это платить. Двум тысячам американских электриков не пришлось ничего ремонтировать — на улице просто стало светло.

«Сэнди» умчался, это ясно. Улицы блестели. Всё было завалено ветками, листьями и мусором. Снаружи всё ещё никого не было, небо затянуло тучами, но «сердечные» деревья уже не метались на ветру. И дождь прекратился.

В холодной гостиной Сэт, Эбби и Джим сидели рядом на диване. Я уже почти удивилась, с чего это они уселись так близко друг к дружке, но тут увидела в руках у Эбби маленький серый радиоприёмник.

— Мы слушаем новости, — шёпотом сказала она мне.

Радио. Я не могла вспомнить, чтобы хоть раз в жизни по-настоящему слушала радио. Да и с чего бы это делать, когда на свете есть телефоны и компьютеры?

Я только что удивлялась дневному свету, а теперь совсем другими глазами посмотрела на радио. Крошечный приёмник работал на батарейках, так что электричество было ему не нужно. И пока наши дурацкие мобильные телефоны не могли найти сеть, радио запросто принимало сигнал. Затаив дыхание, мы слушали потрескивающие голоса.

Со вчерашнего вечера огромная часть Манхэттена осталась без электричества. От нас и до самой южной точки, где мы с Сэтом стояли на набережной, было темно. А к северу от нас во тьму погрузились ещё сорок кварталов.

Наверное, нам ещё повезло, подумала я, когда услышала это. Я потихоньку достала план города, чтобы как следует разобраться. Мне хотелось посмотреть, где находится Бризи-Пойнт, где сгорело больше ста домов. Мне хотелось знать, как далеко от нас Стейтен-Айленд, потому что ему досталось больше всего. Его полностью накрыло водой. Смыло. Снесло.

Мы жадно поглощали информацию, и я думала: до чего же это неудобно! Мы можем только слушать, но не в силах никак отреагировать. Тут не было даже кнопки «развернуть», чтобы узнать больше подробностей.

— Нам нужно на север, — сказала я, когда в новостях в очередной раз начали сообщать то же самое. — Там есть электричество, там будет связь. Я должна сообщить родителям, что ещё жива.

Эбби тут же подскочила:

— Мы должны позвонить маме.

И даже Джим кивнул:

— А мне надо в больницу. Надо было ещё вчера сделать перевязку. Но сам я боюсь. Ещё оторву этот палец, чего доброго.

Эбби передёрнуло:

— Он у тебя ещё болит?

Джим кивнул, но ничего не сказал. Только в первую ночь, когда я спала рядом с ним на матрасе из динозавров, он признался, что ему больно.

— Ты такой храбрый, — восхищённо прошептала Эбби.

— Да прекрати ты, в самом деле! — возмутился Сэт. — Сейчас толпам народа приходится гораздо хуже! Эбби, ты хотя бы подумала о тёте Лее?

Глаза у неё мгновенно стали огромными:

— Она же живёт на Лонг-Бич! Там же...

Она больше ничего не сказала, только ткнула пальцем в точку на моей карте. Это был тонкий вытянутый остров, своей длинной стороной совершенно открытый океану. Именно оттуда «Сэнди» набросился на землю.

Сэт посмотрел на меня:

— Мы тут не строим дамбы. Мы наивно строим деревянные дома прямо у моря. И обычно всё заканчивается хорошо...

Все молча пошли одеваться. Я обтёрлась влажными салфетками в ванной, дрожа от холода. Мы позавтракали всем, что нашлось в тёмном холодильнике: куриными колбасками, яйцами, сыром и какао. Я оторопела, когда Сэт включил плиту, потому что была уверена, что в доме вообще ничего не работает. У нас не было воды, отопления и электричества, но газ пока ещё имелся. Только это нам и осталось. В ледяной тёмной пустыне этого дома мы хотя бы могли готовить горячую еду.

Мы торопились и не говорили друг другу ни слова.

— Куртка, — шепнула я Сэту. — Мне нужна куртка или пальто твоей мамы.

Я услышала, как он вздохнул, и знала, что он считает это смешным — устраивать переодевания, когда в городе ураган. Но я всё равно жутко обрадовалась куртке из болотно-зелёного бархата. Она доставала мне до колен, и у неё был пояс, который я по совету Эбби туго завязала на талии. Ещё она дала мне шапку и шарф баклажанного цвета, так что я была экипирована по полной программе и готова к выходу.

Мы взяли с собой удостоверения личности и телефоны. И зарядные устройства в надежде найти где-нибудь работающую розетку. Сэт сунул в рюкзак ноутбук, а Джим взял с собой сумку с едой, потому что мы не знали, есть ли где-то поблизости открытые магазины.

«Это приключение», — сказала я себе.

Я надеялась, что мы выберемся из него живыми.

26

Мы вчетвером отправились в путь к свету. Всего пару дней назад мы даже не были знакомы, а сейчас стали единым целым.

Мы шли по странным пустынным улицам, и я знала, что для остальных сейчас всё ещё более странно, чем для меня. Я была в Нью-Йорке всего три дня, а они точно знали, как должен выглядеть этот город. Небо было тёмно-серым. Повсюду были лужи и валялся мусор. Широкая пустынная дорога казалась даже больше, чем обычно.

Эбби остановилась:

— И светофоры не работают!

Так мы и шли дальше, то и дело обнаруживая, что ещё не работает. Это было просто невероятно — увидеть все неоновые надписи погасшими. Все магазины, кафе и рестораны были закрыты. Все, кроме одного супермаркета.

«WE ARE OPEN — CASH ONLY», — сообщала надпись на картонной табличке в дверях. Буквы были написаны от руки, потому что принтеры, конечно же, тоже не работали.

Дверь магазина оказалась открыта, но внутри было подозрительно темно. В глубине ходил покупатель с корзинкой и фонариком в поисках еды, а из темноты кто-то крикнул нам, что в продаже есть горячий кофе.

— Идём дальше, — нетерпеливо сказал Джим.

— Всё в порядке? — Эбби с тревогой глянула на него.

Он кивнул:

— Я просто хочу как можно скорее найти больницу. В неотложке наверняка толпы народу.

Мы быстро пошли дальше. «Сэнди» умчался, но на улице почти не было машин. Только несколько такси пронеслись мимо, в каждом — пассажиры. Все встречные тащили сумки с продуктами, спальные мешки и подушки.

И тут меня осенило.

— Сэт! — закричала я. — Эбби!

Они обернулись.

— Вы же наверняка знаете людей, у которых есть электричество! Почему вы не пойдёте к ним?

Сэт помолчал, а потом ответил:

— Мы-то, конечно, знаем таких людей, но не можем завалиться к ним вчетвером. Так не пойдёт.

Он посмотрел на меня очень серьёзно, и мне захотелось сказать что-нибудь благородное. Например, что он, конечно же, должен пойти в тепло со своей сестрёнкой, — но у меня не получилось. Я даже подумать не могла о том, чтобы остаться одной в ураганном приюте. Я этого не переживу.

— Если вы хотите к свету, — пробормотал Джим, — должны идти к свету. Я справлюсь.

Высоко над нашими головами пролетел вертолёт.

— Давайте не будем торопиться, — Сэт очень серьёзно посмотрел на Джима. — Разумеется, я не собираюсь заморозить свою сестру до смерти, можете не сомневаться. Но я надеюсь, сегодня вечером нам дадут электричество.

Эбби ухватила меня за руку:

— Я не пойду никуда жить без Эмилии и Джима! Даже если они строят из себя храбрецов и говорят, что справятся! Папа тоже всегда так говорил, и это было ужасно глупо.

— Ты о чём? — Сэт уставился на неё.

— Папа же всегда так говорил. Что мы должны делать то, что нам хочется. И он не будет нам мешать, он справится без нас. Он говорил так, как сейчас сказал Джим!

— Да ты же была совсем крошечная! Как ты можешь такое помнить?

— А вот и могу, — Эбби гордо задрала кверху нос. — Он сказал это в тот раз, на Кони-Айленде. Мы тогда с мамой плескались в воде и ели корн-доги, а потом катались на «Колесе чудес» и бегали наперегонки до конца пирса. А он совсем ничего не делал. Он просто сидел. И потом сказал это. Что нам не надо сидеть рядом с ним и не нужно о нём беспокоиться. Он справится.

Упавший со столба светофор болтался на проводах. Просигналило такси.

Сэт развернулся и пошёл дальше.

— Ты ничего не помнишь! — крикнул он. — Папа сам не знал, что говорит. И он вообще не хотел ничего такого сказать...

Он помчался так быстро, что мы едва поспевали за ним.

— Я прекрасно помню, — зашептала мне Эбби. — Я всё отлично запоминаю.

Я сжимала её потную ладошку. Несмотря на бактерии обгрызенного кролика.

Квартал за кварталом мы продвигались на север. Я засекала время на телефоне. Мы тратили примерно минуту на квартал — и оказывались у нового переулка.

На Юнион-сквер мы наконец-то остановились. Островок со скамейками был огорожен жёлто-чёрными лентами. «Сэнди» выдрал из земли целые деревья, и парк стал похож на поле боя. Остаток площади был битком забит машинами и автобусами компании «Кон-Эд». По радио я слышала, что именно эта компания занималась нашим электричеством.

Какой-то тощий тип с безумными глазами стал рассказывать нам, что вчера тут был взрыв.

— Вы видели вспышку? — спрашивал он. — Я сначала думал, инопланетяне прилетели. — Он потёр руки. — Во всём городе разгром и ужас. Метро затопило, все мосты перекрыты, все туннели закрыты. Наверное, только через неделю всем свет дадут. А в пятницу ведь заморозки, слыхали? Жутко холодно будет...

Мы двинулись дальше, меня подташнивало.

Всего через полчаса после того, как мы вышли из дома, я уже совершенно окоченела. Мне стало страшно. Как я вообще смогу согреться после такого дня? Мы до вечера будем ходить по холодному городу, а потом вернёмся в холодный дом.

Со мной однажды было такое, когда мы с папой отправились в поход с палаткой на остров Тессел. И как-то раз после прогулки под проливным дождём вернулись в наш кемпинг. В палатке я надела на себя все сухие вещи, которые у меня только были, и залезла в спальный мешок. Но я никак не могла согреться. Всю ночь не могла заснуть от холода. Это было так жутко!

На следующий день мы с папой уехали домой, но сейчас это было невозможно. Я никуда отсюда не денусь, потому что все аэропорты закрыты. Поезда не ходят. Метро не работает.

Мы были в плену у холода.

Все шли с телефонами в руках, чтобы сразу увидеть, если вдруг появится связь. Иногда навстречу нам шагал прохожий и на что-то нажимал у себя в телефоне, и моё сердце начинало колотиться быстрее, но каждый раз это оказывалась ложная тревога.

Пока мы не увидели первый работающий светофор. Свет был красный, но Эбби бросилась к нему с распростёртыми руками. Красный или нет — для нас не имело значения, это был свет, и это главное. А ещё через пару минут все наши телефоны запищали как ненормальные. Мы тут же остановились. Как будто мы играли в игру, когда нужно застыть на месте, как только выключится музыка. Только сегодня звук как раз включился.

Затаив дыхание, я читала сообщения. От моего отца. И от мамы. Я и не знала, что они могут так волноваться.

— Мама! — завизжала Эбби рядом со мной. — У нас всё в порядке! Мы ели колбаски на завтрак, и у меня с собой есть удостоверение личности, если я вдруг потеряю сознание…

— Да, — сурово сказал в свой телефон Джим. — Тут всё окей. Нет, я не один. — Он повернулся ко мне спиной. — Я живу тут уже три месяца, ты что, думаешь, у меня до сих пор нет друзей? Мы сейчас вчетвером. Очень клёвые ребята. Намного лучше, чем в Детройте.

— Нет, мы не хотим ни к кому переезжать, — кричала Эбби своей маме. — Мы с Сэтом организовали ураганный приют и не можем оставить людей без помощи. — Она насупилась. — Знаешь что? Тебя тут вообще нет, так что ты не можешь нам говорить, где спать!

Сэт тоже прижимал к уху телефон, но ничего не говорил.

— Тётя Лея? — спросила я шёпотом.

Он покачал головой:

— Не могу дозвониться.

Я посмотрела на телефон, который сжимала в руке. Я собиралась отправить СМС, но вдруг поняла, что не могу удержаться. Я должна была с ними поговорить. Не для того, чтобы рассказать о себе, а чтобы узнать о них. А что, если кто-то из тех сумасшедших из твиттера всё-таки сделал то, что обещал?

— Папа! — завопила я, как только он ответил. — Ты жив? Мама в порядке?

— Эмилия! — закричал он. — От тебя же ничего не было слышно...

— У нас отключилось электричество! Но я пережила ураган. Я цела!

Я вдруг пришла в восторг от того, что говорю по-голландски. Я могла орать во всё горло, и меня никто не понимал. Эбби, Сэт и Джим уставились на меня, а я только подумала: смотрите сколько хотите. Да, этот странный язык деревянных башмаков — он мой родной.

— Вчера вечером, где-то в полдевятого начал мигать свет, раза два, а потом всё выключилось. И воды нет, и...

Я говорила до тех пор, пока не запыхалась и не остановилась, чтобы перевести дыхание. И разумеется, мой тупой отец воспользовался именно этими секундами, чтобы начать верещать про полицию. Вопить, что я немедленно должна пойти и сдаться, потому что он никак не может ко мне прилететь. Что я подвергаю себя опасности и веду себя безответственно и что я должна делать то, что он скажет.

— Да прекрати же ты! — в ярости закричала я, потому что, убедившись в том, что он жив, я опять получила полное право его ненавидеть. — Ты что, до сих пор так ничего и не понял? Я вообще не хочу возвращаться в Голландию! Никогда! Здесь мне в сто тысяч раз лучше, чем с вами. У меня потрясающие друзья, тут нет интернета, а значит, никто не может слать никому сальные эсэмэски, и тебя тут тоже нет. Так что поверь мне, даже в полной темноте тут просто ГРЁБАНЫЙ РАЙ!

И пока он не успел мне хоть что-то сказать, я нажала «отбой».

Эбби смотрела на меня с открытым ртом.

— Ого, — сказал Джим. — Это у вас в Голландии такой язык, что кажется, будто все дико злые? Или ты реально прямо разозлилась?

— Я реально прямо разозлилась, — ответила я, очень довольная.

Шесть тысяч километров, подумала я. Между нами целый океан. И ты ничего не можешь сделать, даже если тебе очень сильно не нравится, что я сейчас здесь. У меня есть друзья, паспорт и зубная щётка. Я свободна.

27

Мы стояли посреди серого покинутого всеми Нью-Йорка и мёрзли. Ещё часов пять на улице будет светло, а потом снова наступит ночь. Что же нам делать с этими бесценными часами дневного света?

— Мне нужно в больницу, как можно скорее, — сказал Джим. Он был совсем бледный.

Эбби посмотрела на брата:

— Пойдём к тёте Лее? Я за неё волнуюсь.

— Я бы тоже хотел знать, как она, — сказал Сэт. — Но мы никак не попадём на Лонг-Бич. Ты же слышала, что сказал тот мужчина? Все мосты и туннели закрыты. Мы застряли на Манхэттене.

Я уже дрожала. С неба срывался мелкий дождь, зелёная куртка начала промокать.

— Я знаю! — воскликнула Эбби. — Мы пойдём к Бриджет! — Она посмотрела на меня: — Бриджет — мамина лучшая подруга. У неё квартирка не больше клетки для кроликов. Но на пару часов мы там точно поместимся. У неё есть интернет и отопление, и воды из крана можно пить сколько хочешь.

Сэт уже зашагал вперёд, но я покачала головой:

— Я пойду с Джимом.

— Ты серьёзно? — Сэт остановился. — Хочешь пойти с ним?

Я кивнула. За эти дни я не поговорила ни с одним взрослым, и мне бы хотелось, чтобы так продолжалось и дальше. Я боялась, что эта Бриджет начнёт задавать вопросы. Начнёт придираться и всё усложнять, и я окажусь взаперти не в одиночестве на Манхэттене, а в какой-то кроличьей клетке.

— И как мы договоримся? — спросил Джим. — Где потом встретимся?

Моему мозгу никогда не приходилось решать такие задачи. Мне купили телефон, когда мне было восемь, и я не могу вспомнить, чтобы у моих родителей когда-то не было телефонов. Пока мы в этой части города, мы могли дозвониться друг до друга. Но как только кто-то из нас отправится на юг, все контакты оборвутся. На всех у нас был только один ключ от дома. И мы не знали, кто вернётся первым.

— Это просто смешно, — сказал Джим через некоторое время.

— Да уж, — сказал Сэт. — Окей, мы с Эбби вернёмся домой засветло. А вы приходите после пяти.

— Но дверной звонок не работает! — закричала я. — И телефоны тоже.

Мы опять задумались. Квартира находилась слишком высоко, чтобы кидать в окошко камешки. И докричаться тоже было невозможно.

Сэт вздохнул:

— После пяти мы с Эбби каждые пятнадцать минут будем смотреть в окно и проверять, не пришли ли вы. А когда стемнеет — спускаться вниз.

Мимо промчалась скорая с завывающей сиреной.

— Нет, правда, — сказала Эбби, — как раньше справлялись древние люди?

Этого мы не знали.

— Наберите бутылку воды у Бриджет, — попросила я.

— И будьте добры, покакайте оба до того, как соберётесь возвращаться во тьму! — добавил Джим.

Пока Эбби хихикала, я вспомнила свой приступ паники в самолёте. Четыре дня назад я переживала из-за туалета в самолёте. А теперь я живу в доме с туалетом, где даже нельзя спустить воду и куда мы время от времени выливали ведёрко воды из ванны.

Джим застегнул куртку до подбородка:

— Эмилия?

Я кивнула и быстро взглянула на Сэта. Он стоял совершенно одинокий, закрытый в своей капсуле. С тех пор как Эбби рассказала мне о ней, я почти наяву представляла себе эту штуковину. Толстые железные стенки. Маленькое запотевшее окошко, через которое он иногда выглядывал наружу.

А потом я пошла за Джимом. Натянула шапку пониже на уши, сунула руки в карманы и сделала вид, что это самое обычное дело — идти рядом с кинозвездой.

Это просто нечестно. Каждый раз, когда я смотрела на Джима, у меня немножко подкашивались коленки. Не потому, что мне самой так хотелось, а потому что... Я сама не знаю почему... Потому, что так работала эволюция.

Разве у нас, всех остальных, был хоть один малейший шанс, пока на свете были такие девчонки, как Юно, и такие парни, как Джим? Девчонки с настоящей пышной грудью и вьющимися волосами, парни с мускулистыми руками и лицами греческих богов. Парни, которые не сидят взаперти в капсуле, а хотят покорить мир и подшучивают над собой, хотя чуть не остались без пальца.

Я запуталась. Почему у меня никогда не подкашиваются коленки, если рядом просто кто-то хороший?

— *Wow*, — Джим помотал головой. — Это реально самые странные месяцы в моей жизни. Я переезжаю в Нью-Йорк, отрезаю себе палец, переживаю ураган и теперь иду тут рядом с тобой.

— Твой палец не отрезан, — сказала я.

Он вздохнул:

— Дай хоть поприкидываться, что у меня девять пальцев! Мне уже четыре дня дико больно, а боль переносить легче, если играть роль человека с ампутацией.

— Ладно, — сказала я. — У тебя девять пальцев.

— Бедный я, да?

Я расхохоталась:

— Жутко бедный.

У Джима зазвонил телефон, и он нажал на дисплей.

— Мамуль? — голос у него вдруг стал почти детским. И вообще-то, очень милым. — Успокойся, мамуль! Всё нормально, я же тебе сказал!

Он некоторое время слушал, а потом покачал головой:

— Он же обещал не рассказывать тебе про палец! Да честно, я нормально. Совсем ничего не чувствую.

Он снова замолчал.

— Нет, я не один. Я с моей подругой Эмилией, она из Нидерландов.

Я почувствовала, что эволюция опять наносит мне удар. Он назвал меня *girlfriend*! И сейчас кто-то в мире думает, что я девушка Джима.

— Спасибо, это очень мило, — сказал он в телефон. — Нет, сегодня ночью я не молился. Я спал. — Он вздохнул. — Я не хочу назад! Что мне там делать? Полгорода пустые, и работы никакой нет! Там хотят жить одни лузеры.

Он замолчал.

— Нет, мам, я совсем не это хотел сказать! Мам, ты же сама знаешь, что ты... — Он прикусил губу. — Я не могу говорить, у меня сейчас сядет батарейка. Пока!

Разговор закончился. Джим поднял голову и провёл тыльной стороной ладони по лицу. Я смотрела под ноги, но услышала, что он зашмыгал носом, и вытащила из сумки бумажный платок.

— Она будет за тебя молиться, — сказал он. — Моя чокнутая маман. Будет молиться за *Имилию*. Ну и за меня, конечно. Хотя до недавнего времени это не сильно помогало.

Мы шли дальше. Людей на улице становилось всё больше, я смотрела на тех, кто, как и мы, сегодня ночью выстоял в ураган. Вид у всех был недовольный и помятый.

— Знаешь, — сказала я немного удивлённо, — это первый раз, когда кто-то будет за меня молиться. Я вообще не знаю никого, кто бы верил в Бога.

— Ты серьёзно? А я вот не знаю никого, кто бы не верил. Все верующие.

— И это помогает?

— Что?

— Верить.

Он вздохнул:

— Хочешь краткое описание моего семейства?

Я кивнула.

— Ну, тогда держись. Мой отец уже три года не работает и слишком много пьёт. Моя мама невероятно умная, но днём ей приходится работать в супермаркете, а по вечерам убирать офисы. Она уверена, что Господь спасёт её из этой долины вечных слёз, но Он как-то пока не торопится. А я — тот самый сын, который должен был всё исправить. Но на самом деле, как видишь, я всё испортил. — Джим опять шмыгнул носом. — Теперь ты. Краткое описание твоей неверующей семейки.

Я замешкалась. А потом взяла и всё выдала:

— Моя мать пишет картины и довольно известна во всём мире. Нора Квин — слышал когда-нибудь? Мой отец был директором школы, где я училась. На прошлой неделе он уволился, потому что несколько месяцев заваливал тоннами сообщений несовершеннолетнюю ученицу. А я была абсолютно образцовым ребёнком, пока тайком от них не села в самолёт до Нью-Йорка.

Некоторое время Джим молчал. А потом вдруг начал тихонько смеяться.

— Ох уж эти атеисты! Это очень неправильно, что я смеюсь над его сообщениями? — Он увидел моё лицо и тут же добавил: — Я так и думал. — Он пригладил волосы. — А содержание этих сообщений тебе известно?

— Ты серьёзно? — воскликнула я. — Ты правда хочешь, чтобы я...

— Ладно-ладно, — выпалил он. — Ну прости, я гадкий подросток, и Бог меня накажет за грязные мыслишки. Но серьёзно: вообще-то, это важно — то, что было написано в тех сообщениях. То есть было ли это жёсткое порно или просто что-то из серии... ах, как красиво блестели твои волосы на уроке.

Я заметила, что Джим опять вот-вот засмеётся, но он сдержался.

— Думаю, второй вариант, — хрипло сказала я.

Несколько сообщений просочились в сеть. Им было далеко до порно. Мой отец был скорее похож на тринадцатилетнего ботаника, который впервые в жизни влюбился. Он писал, что забывает все векторные пространства и диагональные матрицы, когда видит Юно.

Он рассказывал ей, что каждый вечер высчитывает, какова вероятность встретить её на следующий день в школьном коридоре. И ещё он писал, что она сверкает, как Сириус, самая яркая звезда на всём небе.

Да, мой папочка явно был фанатом вторсырья. Потому что вот эти слова про Сириус он раньше всегда говорил мне.

— То есть как, никаких эсэмэсок про её сиськи? — осторожно спросил Джим. — Или типа как бы здорово было с ней того... на директорском столе...

— Придурок! — Я толкнула Джима в руку с полуотрезанным пальцем и увидела, как у него вытянулось лицо. — Если этим занимается какой-то похотливый президент, смейся сколько хочешь. Но это мой отец. И там, кстати, были не только сообщения. Они с Юно пару раз встречались, и я понятия не имею, что между ними было. Это сейчас выясняет полиция. Папочка, которому светит тюрьма, разве это смешно?

Джим покачал головой:

— Прости, *Имилия*. Сегодня вечером я о нём помолюсь...

Мы пошли дальше, и он опять завёл свою шарманку о кризисе. О домах, которые их хозяева вынуждены продать, и об обычных людях, которых увольняют, пока банкиры получают бонусы по несколько миллионов долларов в год. И сейчас я знала, что он говорит не об абстрактных цифрах. Я понимала, что он опять рассказывает мне историю своей семьи. Реальную историю своего отца, который уже три года не может найти работу. И матери с двумя никчёмными подработками. И сына, который бросил всё и сбежал в Нью-Йорк.

28

Стоило нам пройти сквозь стеклянные раздвижные двери больницы, как я остановилась. Я почувствовала запах ран. Увидела людей с капельницами, в шлёпанцах и в инвалидных креслах.

— Прости, — сказала я. — Это было очень глупо с моей стороны. Я не могу с тобой пойти.

— Но мне же придётся ждать тут вечность! — возмутился Джим. — Это же дико скучно. А ты бы рассказала мне ещё что-нибудь прикольное про те эсэмэски.

— Господи, Джим, да как...

— Ну ладно, извини, — быстро сказал он. — Просто не могу выбросить из головы. Озабоченный подросток, все дела, ты же понимаешь. — И вздохнул: — Я сам не знаю, что это со мной. Обычно я очень прилично веду себя с девчонками. Как мне кажется. Но с тобой... Ты поэтому не хочешь остаться тут со мной? Потому что я такой отстойный придурок?

Я не смотрела на него.

— Я просто не подумала.

Я развернулась и пошла на улицу. Прочь от тепла, снова на холод.

Джим поплёлся за мной:

— Ты боишься крови? В этом всё дело?

— Я до смерти боюсь вообще всех бактерий, понял? Я фрик!

— Да подожди ты!

Он догнал меня:

— Возьми хотя бы с собой. — Джим вытащил из сумки с едой огромный сиреневый пакет попкорна: — Он ещё закрыт, так что там гарантированно нет бактерий. — И тут он улыбнулся. — Ты клёвый фрик. И волосы у тебя ништяк!

Мне понадобилось пройти почти три дома, пока мои коленки перестали трястись и я почти перестала думать о его улыбке. Я остановилась. Вытерла руки влажной салфеткой, разорвала сиреневый пакет, запустила в него руку и начала есть.

Через полчаса я наконец-то поняла тех, кто составил «ураганный список». Почему они решили, что нам нужен именно *comfort food*. Эту еду нужно было есть не во время урагана, а сейчас.

Я превратилась в машину по уничтожению попкорна. Моя рука то и дело ныряла в пакет. Челюсти жевали. Ноги шли. А мозг оставался спокойным. Вокруг меня по мокрым улицам, съёжившись от холода, брели туристы. Но у меня с собой была еда, и я чувствовала себя в безопасности. Хотя бы сейчас.

Никто на меня не смотрел. Когда в Голландии выпадает снег, все прохожие начинают улыбаться друг другу. Потому что это такая редкость, и в голове сразу появляются мысли о Рождестве. Но сегодня город не сверкал под уютной снежной шапкой. После налёта «Сэнди» Нью-Йорк было не узнать, и это очень всех беспокоило. На центре мира не может висеть табличка «закрыто». В центре мира люди не должны бояться вечера и наступления темноты.

Я ела попкорн и шла всё дальше и дальше на север. Пока двигаюсь, не замёрзну, сказала я себе. Я остановилась только у огромного стеклянного куба на углу Центрального парка. Внутри стеклянной громадины парило откушенное белое яблоко, а если посмотреть через куб вниз, можно было увидеть ярко-белый магазин айпадов. У двери всё тот же дурацкий ряд мешков с песком, а вокруг куба — толпа туристов, дрожащих в мокрых куртках.

Я чуть было не решила, что это какой-то ритуал. Может, эти люди отдают почести новому айфону? Но вдруг я всё поняла. Магазин был закрыт, но электричество работало, а значит, тут был вайфай! И если поднести телефон поближе к кубу, окажешься ОНЛАЙН!

Со скоростью, на которую только была способна, я свернула пакет, вытерла руки и коснулась пальцами телефона. Каждый человек со всех сторон куба делал то же самое. Наверное, все они тоже пришли сюда из темноты. Но я никогда этого не узнаю, потому что не заговорю с ними.

К чёрту приличия и братания, подумала я, ТУТ ЕСТЬ ИНТЕРНЕТ!

Я открыла гугл и начала искать. Я хотела узнать, как дела у нас в Нью-Йорке. Что мы пережили в те часы прошлой ночью. В каких районах всё стало тёмным. Как всё выглядело. И что мы об этом думаем.

В половине четвёртого я наконец-то оторвалась от телефона. Мои пальцы превратились в какие-то неживые веточки — ещё чуть-чуть, и телефон перестанет опознавать меня как человека. До дома мне как минимум полтора часа, и сейчас самое время отправиться в обратный путь. Иначе я не успею до темноты.

Пока я шла по серому городу и на автомате ела попкорн, я думала о разрушениях, о которых только что прочитала. О фотографиях, где вода врывалась на станции метро, о людях, которые потеряли всё, что у них было.

Потому что ураган «Сэнди» оказался не шуткой. Он уничтожил целые дома. Не пощадил дороги, линии электропередачи, деревья, машины и дома. И людей.

Пока мы сидели в безопасности в нашем ураганном приюте, в городе погибли десятки человек. И до сих пор многие находились в опасности. Старики, живущие на пятнадцатом этаже, оказались в плену, потому что лифты не работали. Тысячи людей остались без сухой одежды, без тёплой еды, без постели.

Мне хотелось всем им помочь. На одном сайте я увидела, что приглашают волонтёров, чтобы раздавать еду, помогать пожилым и убирать мусор. Но у меня не хватило смелости. Мне не хотелось замёрзнуть и испачкаться ещё больше. Как можно целый день возиться в грязи, а потом прийти в ледяной дом без душа?

Я чувствовала, что опять надвигается чернота.

Ещё три дома, и электричества больше не будет. Я отправила родителям сообщение о том, что в ближайшие восемнадцать часов я вряд ли выйду на связь. В одном *diner*, который вроде как был открыт, я купила две большие бутылки воды, а потом, заранее содрогнувшись, отправилась в туалет.

Почти у границы, там, где на другой стороне улицы светофоры уже не подавали признаков жизни, я увидела складной стол с целой кучей удлинителей. Стол стоял на пороге освещённого супермаркета, а на обычном листе бумаги было написано, что тут можно бесплатно зарядить телефон. Вокруг стола собралось уже несколько десятков ожидающих. Все стояли и не спускали глаз с перепутанных проводов и шнуров от зарядок мобильных телефонов.

— *This feels so good!* — кричал какой-то парень с волосами ёжиком. — *Power at last!*

Дрожащими руками я достала из сумки шнур от зарядки. На столе как раз осталась одна свободная розетка, к ней я и подключилась и стала как заворожённая смотреть на бегущие столбики на индикаторе телефона.

— Я только что зашла в один отель в *uptown*, — рассказывала худенькая девушка в вязаной шапке. — Хотела немного подзарядить телефон у них в лобби, но меня просто выставили. Можете поверить? Они и понятия не имеют, что у нас тут происходит!

— *We are the dark people*, — сказал мужчина с ирокезом и грязной собачонкой на поводке. — Днём нам разрешается почувствовать вкус города с нормальными светофорами и отоплением. А потом нам нужно отправляться обратно в наш *City of Darkness*.

Пока мой телефон жадно поглощал электроэнергию, я тихо слушала чужие разговоры. Все эти люди сегодня не принимали душ, но я всё равно стояла рядом с ними. Потому что только здесь я наконец-то это почувствовала. У нас всех было что-то общее. Я стояла на ледяных ступеньках в Нью-Йорке в окружении людей с ирокезами и в модных очках и понимала их.

Стало смеркаться, но мне не хотелось уходить. Это было какое-то сумасшествие. Я понимала этих людей лучше, чем собственных родителей. Там, в Нидерландах, мы уже четырнадцать лет были семьёй, но как часто я чувствовала, что нас что-то объединяет? Как часто мы встречались под снегопадом и улыбались друг другу?

Я продолжала смотреть на телефон, а на улице становилось всё темнее. Грязная собачонка улеглась на ступеньки, а люди продолжали рассказывать о том, как прошёл их день. Один и тот же день — который все мы прожили сегодня. Все давали друг другу советы: на Второй авеню итальянский ресторан продаёт еду навынос, пакеты отдают прямо из тёмных дверей. А корейский супермаркет в Ист-Виллидж частично затоплен, но при этом всё ещё работает: корейцы гордятся тем, что их магазин за всё время своего существования не закрывался ни на один день и ни на одну ночь. И сейчас тоже.

Я уже не чувствовала, где заканчиваются мои ноги и начинаются сапоги, но всё равно оставалась там. Потому что мне было хорошо.

Power at last.

29

Я очень недооценила последние кварталы до дома. Без фонарей передвигаться по улице было жутко опасно. Машины мчались по Манхэттену без единого светофора, и перейти дорогу оказалось почти невозможно.

Неужели я и в самом деле тут совсем одна? В первые дни, когда ещё был свет, я видела на улице бездомных. Не очень много, но несколько человек точно. И где эти люди теперь? Рады, что в их спальне наконец-то выключили свет? Или притаились за следующим углом, чтобы на меня напасть?

Дул пронзительный ветер, но у меня всё равно вспотела спина. Я смотрела во все глаза и изо всех сил старалась не споткнуться о чей-нибудь порог, не свалиться в открытый люк и не запнуться о разбитую плитку.

Совсем запыхавшись, я наконец-то добралась до нашей улицы. Со всех ног помчалась к двери, но как только поставила ногу на первую ступеньку, наткнулась на что-то живое. Я завизжала. Изо всех сил.

— Это я, — раздался голос Сэта.

— Боже! — Сердце у меня колотилось, тело била дрожь. — Ты меня до смерти напугал... — Мне показалось, я сейчас расплачусь, но вдруг рассмеялась: — Я думала, ты бездомный, или вор, или...

Сэт почесал в затылке:

— Знаешь, сколько времени я тут тебя жду?

Я не видела его лица, но судя по голосу, он был в бешенстве.

— Но мы же не договорились о времени конкретно? — спросила я. Адреналин всё ещё кипел у меня в крови. — Мы с Джимом должны были прийти после пяти, и больше ничего. Так ведь?

— Но ты не с Джимом! — Голос у него сорвался. — Джим вернулся час назад, а тебя носит неизвестно где в тёмном городе. Когда никто не может до тебя дозвониться! Я думал, ты заблудилась, или тебя убили, или изнасиловали, или уже порезали на куски!

— Но я же тут! — строго сказала я, а про себя подумала, ведь он сидел здесь и ждал меня. На холоде. В темноте. Он за меня волновался. Не за девчонку с внешностью чирлидерши, а за меня.

— Эмилия! — Эбби засияла, когда я вошла. — Смотри, Бриджет дала нам свечки и всё ужасно уютно устроила.

Я оглядела комнату, и в голове у меня заиграла песенка из весёлого рождественского парка: «*It's beginning to look a lot like Christmas...*» Квартира ещё не успела совсем остыть, и по сравнению с улицей тут было тепло. Пахло апельсинами, и повсюду были маленькие белые греющие свечки: на подоконнике, на кухонной стойке, у старинного зеркала.

— Аллилуйя! — закричал с дивана Джим. — Наша голландская атеистка всё ещё жива. Мы уже выставили Сэта на улицу, а то бедный парень совсем извёлся.

Я плюхнулась на диван рядом с ним. Я так устала, что не чувствовала ног.

— Ну что, как там в больнице? Палец всё-таки отрезали?

Джим кивнул:

— По моим подсчётам, у меня на руках теперь всего восемь пальцев. — Он поднял с пола небольшую картонную коробку: — Я прихватил для тебя подарок.

В мерцающем свете свечей я прочитала надпись: *Singleuse medical rubber examination gloves.* Сто пар одноразовых перчаток.

— Специально для фрика, — тихо сказал он. — Удобно ведь, раз уж у нас нет воды? Теперь ты сможешь сто раз сходить в туалет или поковырять в носу и руки не испачкаешь.

Сначала я подумала, что он шутит. Что он хочет посмеяться надо мной, как это постоянно происходило в школе. Но он не смеялся.

— Их что, продавали в больнице?

— Скажем так, они там лежали. И я подумал, уж если они действительно кому-то сейчас нужны, то это *Имилии*. Правильно ведь?

Я не верила своим глазам. Вдруг оказалось, что и кинозвезда может быть отличным парнем.

Сэт вспомнил, что в морозильнике в подвале осталось ещё очень много еды. И все эти запасы сейчас тают, так что завтра-послезавтра всё можно будет выбросить. Но пока всё ещё холодное и лежит в огромном ящике внизу. Так что наш первый ураганный ужин будет пиршеством из пяти блюд.

Мы сидели за столом, заставленным маленькими свечками, и ели томатный суп, и бургеры, и кукурузные початки, и *meatloaf*, и *pancakes* с целым морем сиропа. А потом Джим приготовил глинтвейн, чтобы согреться, перед тем как лезть в холодную постель. В здоровенной кастрюле он смешал бутылку вина с замороженными фруктами, палочками корицы, анисом, гвоздикой и бросил туда две большие ложки сахара.

— Вообще-то, мама ещё не разрешает мне пить алкоголь, — сказала Эбби.

Она не отрываясь смотрела в кастрюлю, пока Джим помешивал глинтвейн.

— Я же его нагреваю, видишь, — сказал он. — И алкоголь выпаривается. Честное слово, я знаю, что делаю. Моя бабушка варит лучший глинтвейн в Мичигане.

Я стояла рядом с ним с другой стороны, тепло от плиты приятно успокаивало. Можно ли мне алкоголь — я понятия не имела. С моим отцом мы говорили только о Вселенной и о простых числах. А с моей матерью — об искусстве. Об алкоголе, наркотиках, презервативах и сигаретах мы никогда не разговаривали.

А ещё мы, кстати, ни разу не обсуждали, что отправлять сообщения несовершеннолетним ученицам — тоже нежелательно.

Наверное, нам всё-таки стоило провести профилактическую беседу.

— Готово! — объявил Джим.

Честно говоря, я сомневалась, выпарил ли он как следует алкоголь из вина, но я промолчала. Я помогла ему разлить глинтвейн по четырём кружкам и донести их до дивана. На улице было ужасающе тихо. Ни одной машины, ни одного человека. Как будто на город упала полярная ночь.

Мы с Эбби сели на диване рядом с Джимом, Сэт поставил стул напротив нас. Он явно считал, что мы уделяем кинозвезде слишком много внимания, это было заметно. Но что я могла поделать, когда Джим рассказывал нам рецепты своей бабушки? И уже несколько часов вёл себя так прилично и вежливо, что я даже решилась с ним поговорить. А мои коленки иногда аж минут на пятнадцать забывали, что им надо трястись.

Я осторожно сделала глоток глинтвейна. Горячая смесь была пряной, сладкой и горькой одновременно. Я почувствовала, как тепло проскользнуло в горло и побежало по всему организму.

— Ух ты, — сказала я. — Вкусно.

Я сделала ещё глоток, и Эбби тоже. Глаза у неё засияли.

— Ух ты! Какая грёбаная вкуснотища!

Сэт испуганно уставился на свою сестру.

— Что опять не так? — с недовольным видом спросила она. — Джим всё время говорит «грёбаный» и *fuck*!

— Мало ли кто что говорит, — нахмурился Сэт. — Это не значит, что тебе надо повторять всю чушь за тем, кто вылетел из школы! Ты же умная девочка, можешь придумать и другие слова!

Джим оставался на удивление спокойным.

— А ты что-то имеешь против траха? — нарочито вежливо спросил он у Сэта.

— Эй! Моей сестре девять!

— Ну так что? Она уже наверняка знает, что такое трах. И что тут такого? — Джим склонил голову. — Или тебе самому неловко от этого слова? Может, ты переживаешь? Оттого, что твоё щупленькое тельце ещё ни с кем ни разу как следует…

— Фу! — громко крикнула я, закрыла руками уши и стала мотать головой. — Не хочу это слушать. Я только что сбежала через океан от всей этой гадости!

К моему удивлению, они замолчали. Но я не учла, что рядом была наша девятилетка.

— Вообще-то, — сказала Эбби с серьёзным видом, — я не совсем это понимаю. Я про этот ваш трах. Я, конечно, знаю, что мужской пенис должен оказаться в женщине. Но в бассейне однажды случайно увидела пенис Джереми Джонса, и это был вот такусенький сморщенный червячок — ну и как это можно куда-то засунуть?

Эбби выжидательно смотрела на нас. Она была самой храброй девочкой из всех, кого я знала, даже выдержала нашествие страшного урагана. Но эта кроха всё равно ходила в третий класс. Я смотрела на её личико с острым носиком, и мне ужасно захотелось её удочерить. Защитить её, сделать всё для того, чтобы она случайно не увидела порно и не наткнулась бы в тупых девичьих журналах на статьи об эрекции и чтобы никто не рассказал ей про девчонок, которые раздеваются перед веб-камерами, чтобы доказать, как сильно они любят своих парней.

Я сделала три огромных глотка вина и почувствовала, как по венам разливается тепло.

— Понятия не имею, — сказала я. — И не собираюсь никогда в жизни близко подпускать к себе сморщенных червячков. Но, может, тебе всё объяснят Джим или твой брат, раз уж они такие крутые...

— Нет уж, простите, — быстро сказал Сэт. — Как вы только что узнали от Джима, я в этом совершенно ничего не понимаю.

Теперь все уставились на Джима.

— Так что? — спросила Эбби. — Как это происходит? Ты же всё время говоришь *fuck*, значит, знаешь, как это нужно делать?

Джим смотрел в пол. Я видела, что он наконец-то понял, что такое *девять лет*.

Он вздохнул и покачал головой:

— Это большая загадка для всех нас.

30

Мы приготовили ещё кастрюлю глинтвейна и теперь играли в «сумасшедшие восьмёрки» старой карточной колодой Сэта. Мы придумывали новые правила и всё громче кричали и смеялись. Обычно мне не нравилось играть в карты, но здесь в полумраке со свечами, холодными блинчиками и глинтвейном это было здорово.

Посреди игры, пока мы ещё приходили в себя после очередного взрыва смеха, Эбби вдруг посмотрела на Сэта:

— Я вспомнила! Мы всегда играли в неё с папой. Я тогда была ещё слишком маленькая. Я не понимала правила, и вы всё время мне поддавались.

— Мама считала, что это непедагогично, — сказал Сэт. — Она говорила, ты должна научиться проигрывать.

Эбби кивнула:

— Но папа всё равно поддавался, и я выигрывала.

— Он говорил, что потом всё равно научишься проигрывать. Когда вырастешь.

Мы вдруг перестали смеяться. И мне тоже было не смешно. Вино тихо переливалось по венам. Я ещё никогда так себя не чувствовала. Как будто мне только-только исполнилось четырнадцать. Как будто всё было возможно, всё только начиналось. И тут я решилась задать вопрос:

— А как он умер?

Может, они не захотят об этом рассказывать. Но не спросить было бы ещё хуже.

— Автокатастрофа, — сказал Сэт, не глядя на меня. — Его машина упала в воду, и он не смог из неё выбраться.

Повисла тишина. И тут Эбби рядом со мной заёрзала на месте.

— Мы не знаем точно.

В тусклом свете свечей лицо Сэта было похоже на маску.

— Ты сама не знаешь, что говоришь, — тихо сказал он.

— А вот и знаю. — Эбби задрала голову. — Никто не знает, был ли это несчастный случай. Ты и сам не знаешь.

В три прыжка Сэт оказался у дивана рядом с ней.

— Если мама услышит, что ты...

Он хотел схватить Эбби, но я обняла её за плечи и прижала к себе.

— Не лезь, Эмилия! — заорал он на меня. — Это моя сестра!

Но я не отпускала её, и Сэт со злобой сжал губы. В полутёмной комнате он был похож на зомби, который наконец-то вырвался наружу, просидев два года под землёй.

— Она врёт, — хрипло сказал он. — Запомните это. Эбби врёт.

Он развернулся и вышел из комнаты. Дверь его комнаты громко хлопнула. А потом всё опять стихло.

Эбби рыдала как маленькая. Выражение лица у неё совсем не изменилось, а по щекам градом катились слёзы. Она смотрела на свечки в окне. Я протянула ей платок, но она его не заметила. Я вдавила ногти в ладонь и стала ждать.

— Это было самоубийство? — вдруг спросил Джим.

Меня как будто ударили током. Я хотела, чтобы он замолчал, но в то же время надеялась, что Эбби ответит.

Я увидела, как она сглотнула, потом вытерла мокрые щёки и пожала плечами:

— Мы не знаем. Мы правда не знаем.

Из комнаты Сэта доносился треск транзисторного радио. Я злилась на него всё больше. Он не имел права слушать радио в одиночку, к тому же на полную громкость. Так батарейки разрядятся ещё быстрее.

— Мне было семь, — сказала Эбби. — Так что мне никто ничего не рассказывал. Только сообщили, что его больше нет. И что ночью его машина оказалась в воде. Несчастный случай, так мне сказали.

— Но ведь это на самом деле могло быть так, — тихо проговорила я.

Она кивнула:

— Может быть. Но там так много странностей!

— Что ещё за странности? — спросил Джим.

— Папа был пристёгнут. Если падаешь в машине в воду, ты же попытаешься выбраться. Ты же сразу отстегнёшь ремень.

— Может, он потерял сознание? — предположила я. — От удара, когда машина упала в воду.

Эбби резко встала и посмотрела на меня.

— Ты такая же, как мама и Сэт. — Она вытерла нос. — Сейчас мне вообще запрещают об этом говорить. А в первые месяцы, стоило что-то спросить, мне говорили только одно: это был несчастный случай, мы понятия не имеем, почему его машина вдруг улетела в воду с совершенно пустой дороги, но, конечно, он не сделал это специально. А ещё мы понятия не имеем, зачем он вообще оказался там и почему оставил телефон дома, но это, конечно, был несчастный случай. Несчастный случай. Несчастный случай.

Эбби выглядела ужасно уставшей.

— Но разве так не лучше... — Я не знала, как лучше сказать. — Разве ты сама не хочешь верить, что это был просто несчастный случай?

— А то! — крикнула она. — Но тут ведь невозможно выбрать. Я хочу знать, что случилось на самом деле. Потому что с папой что-то было не так. Ещё до этого, раньше, понимаете. Он всегда отказывался присоединиться, если мы что-то устраивали или хотели повеселиться. Но мама не хочет об этом говорить. — Эбби опять расплакалась. — А я просто хочу об этом поговорить. И чтобы они на меня за это не злились...

Я встала и обняла её.

— Я понимаю, — сказала я. — Я тебя понимаю.

Когда Эбби заснула, мы с Джимом перенесли её на большую кровать. По очереди погладили её по щеке и на цыпочках вышли из комнаты. Джим вылил в наши кружки остатки глинтвейна.

— Может, в следующий раз тебе стоит получше его прогреть? — спросила я шёпотом.

— Разумная мысль. — Он плюхнулся на диван. — Ух ты. Значит, вот оно какое — краткое описание этой еврейской семьи.

— Они разве евреи? — удивилась я.

— А то, — ответил он, как девятилетняя девочка.

Я ничего не сказала. В Голландии я никогда не думала об этом. Какой национальности люди, евреи они или нет. Конечно, я знала, что произошло во время Второй мировой войны. Ну или до неё. Но даже мысли о том, еврей человек или нет, казались мне неправильными.

— *Fuck*, — сказал Джим. — Ой, нет, так я больше не буду говорить. — Он вздохнул. — А я-то думал, что в моей семье творится полная задница. Но это...

Я залпом допила глинтвейн из кружки. Фрукты я оставила.

— Мне нужно зайти к Сэту.

Джим посмотрел на меня, последние свечи уже догорали.

— Хочешь, чтобы я пошёл с тобой?

Я покачала головой.

— Ладно, тогда я отрубаюсь. Можешь подать мне вон то одеяло?

Я открыла коробку с перчатками, надела первую пару и протянула ему старое пыльное одеяло.

— Фрик, — улыбнулся он.

— Спокойной ночи, — тихо ответила я.

Он закрыл глаза, а я ещё некоторое время простояла возле него. Свечи мерцали, и я заметила, что что-то изменилось. Конечно, он был таким же красивым. Но теперь я уже не смотрела на него как на модель с билборда. Теперь я видела его. Джима. Парня, которого я знаю.

31

Я зашла в комнату Сэта и сначала не могла понять, спит он или нет. Хриплые голоса из радиоприёмника заполняли непроглядную темноту.

— Сэт! — позвала я. — Подожди, я достану телефон...

— Не надо! — Его голос раздался совсем рядом. — Оставь меня в покое.

— Выключи хотя бы радио! Сейчас батарейки сядут, и мы окажемся совсем отрезанными от мира.

Я осталась стоять у порога. И тут все звуки вдруг исчезли.

— Что... — начала я, но тут же запнулась, потому что не знала, как продолжить. Я стянула с рук перчатки и сунула их в карман. — Ты поговорил с тётей?

Он вздохнул:

— С дядей. Они живы, но у них залило полдома и машина утонула. Мой дядя умудрился доехать до аэропорта Кеннеди в битком набитом пикапе. Там была связь, и все смогли позвонить, а через полчаса машина отправилась обратно за новой партией, чтобы и другие люди смогли съездить в аэропорт.

— Господи, — выдохнула я. — И это ведь Нью-Йорк, не Сомали и не Гондурас или Индия. Это Америка.

Обычно через некоторое время глаза начинают привыкать к темноте и можно что-то разобрать. Но без луны, без уличных фонарей за окнами, без техники в режиме ожидания в комнате не было видно вообще ничего. Сколько ни сиди в темноте, всё равно ничего не разглядишь.

— Ты где?

— На кровати.

Пока я на ощупь шла к нему, вспоминала картину Пикассо, которую сейчас не было видно: женщину с двумя лицами.

— Эй! — вдруг воскликнул Сэт. — Ещё один шаг, и твоя рука окажется точно у меня между ног.

Я не удержалась и захихикала.

— А тут? Можно мне тут сесть?

Тишина.

— Я кивнул, — сказал он.

— Ясно. — Я села, прижавшись спиной к холодной стенке, и вдруг стала совершенно спокойной. — Теперь я хочу услышать всё. Открывай дверцу своей капсулы.

— Ты серьёзно? Эбби и это тебе разболтала?

— Она сказала, что вы с вашей мамой как будто заперлись в капсуле времени. И знаешь что? Она права. Я смотрю через маленькое окошко, как ты там сидишь. Это как подводная лодка, но без воды. А мы — остальной мир — улетаем от тебя всё дальше. А ты застрял в своей подлодке.

— Я работаю с компьютерами, Эмилия. С единицами и нулями. И не заморачиваюсь ни над никакими летающими подводными лодками без воды. Что за *crap*?

— Окей. — Я сжала кулаки. Не за спиной, а просто так, всё равно ведь было темно. — Тогда расскажи. Нуль или единица? Несчастный случай или самоубийство?

Матрас энергично задвигался. Я услышала вдалеке сирену, а совсем рядом со мной глухой удар в стенку. А потом всё опять стихло.

— Чего ты от меня хочешь? — спросил он хрипло. — Я же сказал, что это был несчастный случай. Я же не достаю тебя расспросами о твоём отце. Ты рассказала свою историю. И я тебе верю.

Я прислонилась головой к стене. Я вдыхала эту темноту, и его дыхание, и вековую пыль. Как давно собрали эту модель динозавра? Когда ему подарили постер с Пикассо?

— Да боже мой! — воскликнул он. — Ты просто не понимаешь! Это с компьютерами всегда только единицы или нули. Но в жизни так не бывает. Иногда ты просто не знаешь, единица это или нуль. А иногда ты где-то посередине...

Я промолчала, потому что наверняка сказала бы что-нибудь не то. Вино всё ещё парило и кружило у меня в организме. А может, это было что-то другое. Может, я попала в капсулу Сэта и мы вместе с ним летали во времени. Тогда мы запросто могли бы вернуться на год назад, когда мой отец ещё не посылал никаких гадких эсэмэсок. Или на два года назад, когда отец Сэта ещё был жив...

— Ладно, — сказал он. — Слушай, — голос у него вдруг стал очень решительным. — Мы не знаем, был ли это несчастный случай. Мы просто не знаем. Несколько месяцев я надеялся, что мы узнаем. Я не мог думать ни о чём другом. Каждый день я ждал, когда принесут почту, потому что надеялся, что мой отец отправил прощальное письмо. Оно где-то затерялось, но его обязательно доставят. И в то же время я надеялся, что кто-нибудь придёт и скажет нам: я видел его той ночью, он пытался увернуться, чтобы не сбить собаку, которая выбежала на дорогу, и из-за этого его машина улетела в воду.

Он на некоторое время замолчал.

— Но никаких новостей не было. Ни письма, ни свидетеля. Никакого тайного дневника, и у папы не было никакой причины ехать туда тем вечером. Вот и всё. Мы никогда ничего не выясним. Мы просто не знаем.

— Но Эбби... — У меня дрожали руки, но я им это позволила, раз уж мы сидели в темноте. — Почему вы запрещаете ей об этом говорить?

— Мы никогда ей не запрещали. Но мы чуть с ума не сошли от её бесконечных вопросов. И если можно выбирать, что это было... Ведь любой выбрал бы несчастный случай. Так что мама рассказала всем именно эту версию. И это то, что знают в нашей школе.

Я всё ещё сидела с открытыми глазами. Не знаю почему, ведь я всё равно ничего не видела. Но я их не закрывала. Я продолжала смотреть. Я хотела увидеть.

— Если уж выбирать, — сказала я, — то, конечно, выберешь несчастный случай. Но что ты сам думаешь? Что произошло на самом деле?

Минуло несколько световых лет, прежде чем он ответил. Как будто его слова должны были долететь с другого края Вселенной.

— Я думаю, — тихо сказал он, — что, наверное, это было что-то посередине. Между единицей и нулём. Я не думаю, что он планировал оставить нас одних. Тогда бы точно было письмо. Тогда он бы попрощался. Но я могу себе представить... — Сэт почесал в затылке, — ...что он просто сделал это. Вывернул руль. Не отстегнул ремень. А когда понял, что на самом деле тонет и что больше никогда нас не увидит — было уже слишком поздно.

32

В среду утром я завтракала кукурузными чипсами. Я вылавливала их из пакета рукой в резиновой перчатке, а Эбби повторяла за мной и хихикала. Жутко болела голова, и я заподозрила, что у меня первое в жизни похмелье.

— Наверняка, — мрачно подтвердил Сэт. Он был серого цвета и вообще отказался от еды.

— Ты должен рассказать Эбби, — сказала я ему шёпотом, когда мы на минуту остались одни. — Про нули и единицы — то, что ты рассказал мне вчера вечером. Она хочет это услышать.

— Что наш отец мог покончить с собой? — переспросил он. — Моя девятилетняя сестрёнка хочет это услышать?

Я кивнула:

— Она давно об этом знает. Но хочет услышать, что она не сумасшедшая.

И тут из ванной появилась Эбби:

— Сегодня же Хеллоуин, мы должны нарядиться в костюмы! — У неё были красные глаза, а под ними здоровенные мешки, но она так нам улыбалась, как будто ей больше всего на свете хотелось сейчас что-нибудь отпраздновать.

— У меня нет никакой страшной одежды, — сказала я.

— Но у нас есть сундук для переодеваний!

Спустя час мы отправились в путь с двумя рюкзаками костюмов. Решили, что примем душ у Бриджет, а потом переоденемся. Так мы, по крайней мере, будем чистыми зомби.

Мы молча двинулись на север. Теперь мы точно знали маршрут. Небо всё ещё было серым, и в этой части города стояла мёртвая тишина. Светофоры по-прежнему не работали, магазины были закрыты, у всех прохожих были мрачные лица. Мы тащились вперёд, пока не запищали телефоны.

И тут у меня случился настоящий шок.

Мой отец прислал СМС, что ему удалось купить билет и сегодня вечером он уже будет в Америке. Все детали не уместились в одно короткое сообщение, так что я не поняла, куда именно он прилетит, сколько ему придется ехать на такси и в какую сумму всё это обойдётся. Но одно я поняла совершенно точно: он прилетит не один.

Моя мать летела в Нью-Йорк вместе с ним.

Уже двадцать лет она не садилась в самолёт, потому что была уверена, что это противоестественный и смертельно опасный вид транспорта. Какие только заманчивые предложения не поступали ей от музеев в Азии, Америке и Австралии, моя мать всегда отвечала «нет». Но сейчас, спустя два дня после урагана, когда город был в руинах, она садилась в самолёт до Нью-Йорка. Музей современного искусства и Гуггенхайм не смогли её уговорить. А я смогла.

Я запрокинула голову и засмеялась.

— Бриджет нет дома, — услышала я обеспокоенный голосок Эбби. — И она вернётся с работы только поздно вечером.

Я перестала смеяться.

— Что поделать, — пожал плечами Сэт. — Тогда мы не сможем принять душ у неё. Значит, зайдём в какое-нибудь кафе и переоденемся в туалете.

— Но я хочу сначала помыться! — закричала Эбби.

Я удивлённо уставилась на неё.

Её пальцы нервно дёргались.

— Я не буду переодеваться, пока не приму душ. Ты вообще знаешь, сколько бактерий живёт у тебя на коже?

Я прикусила губу и промолчала.

— Сто пятьдесят различных видов бактерий сидит только у тебя на руках! — с жаром воскликнула она. — Эмилия точно знает. Поэтому есть нужно в перчатках! И если я сейчас не приму душ, я заболею. — Она посмотрела на меня. Её нижняя губа задрожала. — Эмилия, скажи им, какая я грязная!

Мне показалось, что кто-то провёл ногтями по школьной доске. Каждая клеточка моего организма покрылась мурашками. Я видела, как смотрят на меня парни.

Сэт положил руку Эбби на плечо:

— Я думаю, что...

— Не смей! — закричала она. — Ты тоже грязный!

Ногти продолжали скрипеть по доске, и я понимала, что должна что-то сделать. Это должно было прекратиться.

— Эбби, послушай, — я немного запыхалась. — Всё, что я рассказывала тебе про бактерии... это всё правда. Но... в этом нет ничего страшного. — Я лихорадочно пыталась вспомнить всё, что говорил мне в прошлом году мой придурковатый психолог. — Люди запросто могут справиться с бактериями. И если пару дней не помыться, вряд ли заболеешь. Может, пахнуть ты будешь и противно, но это тоже не страшно, особенно сейчас, после «Сэнди».

— Что за ерунда! — рассердилась она. — А почему ты тогда всё время моешь руки? И почему моему кролику нельзя было в твою сумку?

Я знала, что Сэт и Джим сейчас смотрят на меня. Я чувствовала их взгляды, но запретила себе об этом думать. Сейчас главной была Эбби.

— Понимаешь, — начала я, — некоторые люди боятся мышей. У других бывает боязнь высоты. А кто-то боится темноты. И так получилось, что я боюсь бактерий. Но если кто-то из твоих подружек скажет, что смертельно боится подниматься на Эмпайр-стейт-билдинг, это же не значит, что и ты никогда на него не поднимешься?

Эбби покачала головой:

— Я люблю высокие здания!

— Вот именно. Поэтому ты запросто можешь стать зомби и без душа.

— Честно?

Я кивнула.

— А как же ты? — спросила она. — Ты тоже переоденешься не помывшись?

Теперь ненавистные ногти царапали изнутри мой желудок. Острые словно ножи, они резали моё тело. И медленно подбирались...

— Конечно! — весело сказала я. — Почему бы и нет?

33

Сегодня *uptown* сиял так, будто никакого урагана и не было. Минут десять мы радовались, что все магазины снова открылись, но потом радость улетучилась. Потому что только сейчас по-настоящему почувствовали, что мы — *dark people*. Мы ели на завтрак чипсы, и нам пришлось пить вино, чтобы согреться. Мы бродили по городу в поисках розетки и интернета, а всему остальному миру как будто не было до этого никакого дела.

— Тупые туристы, — разозлилась я. — Только и делают, что едят, фотографируются и скупают сувениры. Они не в курсе, что тут погибли люди?

— Конечно, они это знают, — сказал Джим. — Но таковы люди. Одни едят, фотографируют и покупают, пока другие гибнут. — Он посмотрел на меня. — Ты сама разве каждый день думаешь о тех, кто где-то сейчас погибает?

— Нет, но...

— Я думаю! — сказала Эбби. — Есть такой сайт, там видно, сколько людей в мире сейчас рождается, а сколько умирает. И иногда счётчики крутятся с бешеной скоростью. За то время, пока я успеваю съесть бутерброд, в мире умирает триста девяносто два человека.

Сэт строго посмотрел на свою сестрёнку:

— Мама же запретила тебе заходить на этот сайт.

— Но там нет голых людей! Мне же можно смотреть на мелькающие цифры?

— От которых у тебя потом будут кошмары?

Мы шли мимо серых небоскрёбов с зеркальными окнами, и я думала о моём отце. В голове у меня всё запутывалось больше и больше. Стоило мне только услышать про сайт с голыми людьми, как я вспомнила о моём отце.

Через пару минут в этот город прилетят мои родители. Я отправила им сообщение, что смогу встретиться только завтра, потому что в Хеллоуин у меня найдутся и другие занятия. Они не знали, где я живу, а в тёмной части города я была совершенно недоступна, так что ещё несколько часов буду владеть ситуацией.

А завтра я опять стану их несовершеннолетней дочерью.

И меня тошнило от одной мысли об этом.

В Нью-Йорке П. С., то есть после «Сэнди», развлечения и достопримечательности меня больше не волновали. Когда похожая на храм библиотека на Пятой авеню оказалась закрытой, я разозлилась. Сэт пообещал, что там будет вайфай. Я раздражённо поглядывала на каменных львов у входа. Да, конечно, эти звери были прекрасны. И да, разумеется, я видела их как минимум в пятнадцати фильмах. Но во всех этих фильмах у героев были чистые подмышки и они могли сходить по-большому в собственном туалете.

В монументальном здании вокзала мы наконец-то нашли несколько свободных розеток — почти у самого пола, в ледяном, продуваемом всеми ветрами переходе к поездам, но нам было всё равно. Мы с жадностью воткнули в них телефоны.

— Я хочу написать путеводитель! — крикнула я Эбби — та сидела в пяти метрах от меня у следующей розетки. — Он будет называться «Путешествие с подзарядкой: сто лучших розеток Нью-Йорка».

— Я сразу его куплю! — крикнул Сэт с другой стороны.

— А я сниму фильм, — заорал Джим с десяти метров с другой стороны. — Про вилки, которые ищут свои розетки. Люди из *City of Darkness* сейчас больше всего на свете хотят видеть аппараты на подзарядке.

Эбби захихикала:

— Мама наверняка не разрешит мне смотреть такой фильм.

Джим весело размахивал телефоном:

— А иногда в одну розетку одновременно втыкаются сразу два штекера! Или заряжаются пять телефонов в ряд. А ещё какая-нибудь батарейка может зарядиться слишком быстро, так что...

— Ну хватит! — крикнул Сэт сквозь смех.

Мы побрели дальше. Мимо магазинов с бриллиантами и шоколадными фонтанами, мимо тележек с жареными каштанами — и вдруг наткнулись на место, которое заслуживало первое место и золотую рамку в книге «Путешествие с подзарядкой».

Советую записать всем на всякий случай: книжный магазин «Барнс-энд-Ноубл» на Пятой авеню, между Сорок пятой и Сорок шестой улицами, в котором есть даже «Старбакс» с кофе и маффинами. Отличный быстрый интернет. Бесплатный туалет, где установлен краник, из которого можно пить. Запас книг на долгие годы. Тепло.

В пустом вестибюле мы уселись на жёсткий ковёр. Сняли шапки, достали телефоны и решили остаться здесь. Работники магазина нас не трогали, а вокруг собиралось всё больше *dark people*, которым, как и нам, отчаянно хотелось знать, как дела в мире вокруг.

К собственному удивлению, я не стала проверять в интернете, как дела у моего отца. Сегодня мне было всё равно. С какой стати мне читать, что понаписали какие-то незнакомые идиоты? Мне было чем заняться. Я хотела узнать, когда начнёт ездить метро. И правда ли, что питьевая вода сильно загрязнена. И сколько жертв уже на счету урагана.

— У меня есть план. — Сэт почесал в затылке. Мы так долго сидели молча, что я почти забыла, что рядом со мной другие люди. — Вчетвером мы запросто доберёмся до дома и в темноте. Так что сегодня будем ужинать в ресторане при свете.

— План отличный, — тут же сказал Джим. — Но я с вами не могу. У меня нет денег.

Я пожала плечами:

— Давай я за тебя заплачу? Без проблем.

— Нет, — строго сказал Сэт. — Ты и так достаточно потратилась. Ты купила весь ураганный запас и только что опять заплатила за кофе и маффины. Теперь моя очередь. Сегодня вечером плачу я.

— Но ты никогда не тратишь свои деньги! — испуганно воскликнула Эбби. — Ты же копишь! Иначе не попадёшь в университет!

Наконец я поняла, почему Сэт так серьёзно относится к своей подработке. Здесь всё было не так, как в Голландии. Учёба в американских университетах стоит целое состояние, а у Сэта и Эбби была только мама. А зарабатывала она не больше воспитательницы в детском садике.

Эбби смотрела взволнованно.

— Сэт, ты же копил и для меня. Чтобы я могла стать доктором, это же дико дорого! Я помню, как обещала тебе научиться ясновидению, чтобы зарабатывать деньги на Вашингтон-сквер, но у меня же не получилось. То, что я предсказываю, никогда не сбывается.

— Я коплю и для тебя, — сказал её брат очень серьёзно. — Но у нас ещё есть немножко времени в запасе. Так что вполне можем сходить разок в ресторан.

Эбби засмеялась:

— Тогда ладно! Когда я стану хирургом, всё тебе верну! С процентами! И куплю целую гору подарков!

Мы с Джимом делали вид, что нас тут нет. Все эти великие планы делали нас такими крошечными. Я понятия не имела, куда пойду учиться. Какая разница, куда-нибудь пойду. А Джим даже не окончил среднюю школу. На следующей неделе ему сделают операцию на пальце, и потом он несколько месяцев не сможет работать. И станет нищим, больным и одиноким в самом дорогом городе мира...

— Джим, идём! — Эбби как будто звала любимую собаку. — Нам нужно переодеться до ужина. Я помогу тебе надеть костюм.

Когда Джим с рюкзаками двинулся в сторону туалетов, Эбби быстро подскочила ко мне.

— Я вырасту и выйду за него замуж, — сказала она шёпотом. — Тогда он сможет лежать целый день на диване и рассуждать про кризисы, а я буду зарабатывать кучу денег для нас двоих.

Она радостно поскакала за ним, а я смотрела ей вслед. Мне захотелось, чтобы мне опять было девять.

Я вздохнула и достала из сумки флакончик антибактериального геля.

— Эмилия, — тихо сказал Сэт, — тебе не нужно переодеваться, если не хочешь.

Он опять посмотрел на меня так, будто я была той самой женщиной с картины Пикассо. Как будто он мог видеть мой профиль и анфас одновременно. Мне стало неловко. Зачем кому-то так пристально на меня смотреть?

— Тебе не обязательно всё время быть таким понимающим!

— Ты о чём? — удивился Сэт.

— Ты всегда такой внимательный и вежливый. Как будто понимаешь меня. Но тебе пятнадцать. И ты мальчишка. Так что можешь быть и погрубее.

Его тёмные глаза уставились на меня так, будто я была пришельцем из космоса. И не обычным бытовым, домашним пришельцем, а совершенно чокнутым.

— Ты считаешь, что я слишком вежливый? И говоришь, что мне не стоит быть таким вежливым?

— Да! — Я уже не знала, что именно хотела сказать, но мне почему-то казалось, что лучше всего будет продолжить в том же духе. — Девочки не любят, когда их всё время понимают.

— Но я как раз думал...

— Да прекрати уже! Хватит думать! Хватит платить за мою еду и хватит быть со мной таким вежливым. Ты всё равно не выдержишь. Поверь мне, я знаю, как это бывает. Чем лучше люди узнают меня, тем большей дурой потом меня считают. Так что побереги своё время и силы!

Не дождавшись ответа, я вскочила и побежала к туалету.

— Эбби! — крикнула я закрытым дверям. — Моя одежда у тебя?

— Подожди, — хихикнула она. — Мы тут заняты с Джимом.

Такое тоже возможно, только когда тебе девять. Кричать на весь общественный туалет, что ты занята чем-то в кабинке с мальчиком. И нужно быть Джимом, чтобы так оглушительно захохотать, чтобы услышали все, кто ждал в очереди.

Чуть позже я стояла в тесной кабинке и держала в руках костюм кошки. Колготки, короткая юбочка с меховой опушкой, длинный бархатный хвост и ободок с кошачьими ушами.

Прежде чем надеть костюм из сундука для переодеваний, я натянула одноразовые перчатки, потому что была уверена, что этот хвост носили ещё динозавры. Я сжала в руках ободок и заставила себя вспомнить все умные психологические штуки, о которых только что рассказывала Эбби на улице.

Но это не помогло.

Я снова запаниковала.

И тогда я вспомнила серьёзное лицо Сэта. Как пристально он на меня смотрел. Джим отпускал шуточки про моего отца и украл для меня в больнице перчатки, чтобы я могла ковырять в носу. Но Сэт относился ко мне серьёзно. И не только это — он мне сочувствовал. Он этого не говорил, но я знала, что это так. А иначе почему он был со мной таким добрым?

Это правда. Мальчишка, который парил в космосе, оторвавшись от реальности, сочувствовал мне.

Я одним рывком стащила через голову футболку и свитер.

34

Наверное, мы выглядели по-дурацки, когда вышли из книжного магазина. Эбби превратилась в жуткого зомби в разорванном платье с пятнами крови. Волосы у неё торчали во все стороны, а на лице был ярко-белый грим. Сэт надел чёрный свитер со скелетом и перчатки с белыми костяшками пальцев. А я стала очень даже секси-кошкой. По крайней мере, так казалось мне самой.

Но все прохожие останавливались, как будто поражённые молнией Бенджамина Франклина, едва завидев нас, только благодаря Джиму.

На нём было явно маловатое для него фиолетовое платье с оборками и чёрная остроконечная шляпа. Лицо в ярко-зелёном гриме, а на голове растрёпанный парик с длинными чёрными волосами. Эффект был ошеломительный. Не успели мы пройти и двухсот метров, как он уже рассмешил до смерти пятерых туристов и напугал до слёз троих детей.

Когда мы поравнялись с полицейским, я смело посмотрела ему в лицо. С новым цветом волос и в костюме кошки я стала совершенно другим человеком. Я подумала, что ещё никогда в жизни не чувствовала себя настолько не-Эмилией. Мы мёрзли без курток, но нам хотелось, чтобы все видели наши костюмы. Мы шли по широкому тротуару, и люди расступались, чтобы нас пропустить. Как будто мы были популярной поп-группой или героинями «Секса в большом городе».

На самом деле я имею в виду: мы были как четверо знаменитостей. Герои одной истории.

Сэт отвёл нас в ультрамодный ресторан на оживлённой улице. Он вдруг стал крутым и уже не таким понимающим.

— Дайте-ка сюда меню, — строго велел он нам. — Я сам выберу, что мы будем есть.

Я никогда ещё не была в таком хипповом месте. Здесь были фиолетовые диваны и розовые лампы, и мы были единственными гостями в костюмах. Минут за пятнадцать весь стол заставили лумпиями, и куриными шашлычками на шпажках, и тайским салатом, и дамплингами, и блинчиками с уткой по-пекински.

— Это закуски, — объявил Сэт.

— Вкуснота! — Эбби уже навострила палочки, но потом вдруг озадаченно глянула на меня. — Эмилия не захочет есть с нами из одних тарелок и блюдечек...

— Пусть Эмилия не капризничает, — строго сказал Сэт.

Так я и сделала. Еда была просто фантастическая: хрустящая и острая и сладкая одновременно. Я три раза ходила в туалет мыть руки после того, как нечаянно коснулась своего чёрного платья, но никто ничего не сказал. Мы, конечно, не пили вино, потому что в Америке абсолютно невозможно купить алкоголь, если тебе нет двадцати одного года. Но я всё равно отчего-то чувствовала, как в венах что-то бурлит. И мне опять казалось, что я парю над землёй.

Я подцепила кусочек кисло-сладкого тофу и подумала, что, наверное, стареть не так уж страшно.

Может, именно так и чувствуешь себя, когда ты взрослый. Взять и самому решить: сегодня я пойду ужинать в ресторан. С друзьями. И буду сидеть так долго, как захочу, и есть то, что люблю. Потому что я больше не боюсь.

— Как вы думаете, — спросила я, — может, стоит вообще отменить интернет?

— Улыбочку! — Эбби схватила свой телефон.

Мы придвинулись друг к другу и улыбнулись для фотографии.

— Отменить интернет? — переспросил Сэт.

— Да! Кто сказал, что непременно надо пользоваться всеми изобретениями человечества?

— Точно! — подхватил Джим. — Нам не нужны их атомные бомбы, роботы-убийцы и тухлые школы!

Сэт сунул в рот кусок утки:

— Вообще-то, я успел привыкнуть к колёсам.

Эбби положила телефон.

— Я бы хотела, чтобы Обама принял закон, по которому интернетом можно пользоваться только три часа в день. И не больше. Тогда бы я после школы могла бы в него и не заходить. А сейчас я всё время боюсь, что пропущу что-то важное и обо мне начнут сплетничать в школьном чате, если я туда не зайду...

— Я никак не могу понять, — сказала я, — почему люди так жутко ведут себя в интернете? Почему они там намного злее и агрессивнее, чем в обычной жизни?

— Очень просто, — ответил Джим. — Если обозвать кого-то, глядя прямо в лицо, сразу получишь по морде. А онлайн все могут говорить что хотят.

— Но ведь в этом как раз и проблема! — воскликнула я. — Конечно, людям можно сказать больше, чем хочется. Но они же и на самом деле так поступают...

Эбби кивнула:

— Бетани написала, что выцарапает мне глаза за то, что я не дала ей списать на контрольной. Но глаза у меня до сих пор на месте! — Она оглядела нас с весёлой улыбкой на белом зомби-лице.

На столе появлялись всё новые блюда, я никогда в жизни столько не ела. Я пробовала сладкое кокосовое молоко, и острый перец, и тайский базилик и рассматривала тропических рыб, которые лениво плавали в аквариуме. Вокруг звенели стаканы и американские разговоры звучали так спокойно и уютно: «*I was like... girl, that' soo amazing, you know? And then she is like... no way, he can't have, you know! But then I'm like helloo, he's a guy, what do you expect, you know?*»

И тут за спиной я вдруг услышала мужской голос:

— Эмилия де Вит! Можно задать тебе вопрос?

Кто-то говорил по-нидерландски. Он знал моё имя.

Я обернулась. Высокий худой человек с короткой стрижкой улыбался мне:

— Позволишь к вам подсесть?

35

Я уставилась на этого мужчину, но понятия не имела, кто он такой.

— Простите, — сказала я по-английски. — Но я вас не знаю.

Он снова улыбнулся и спокойно уселся на диван рядом с Эбби.

— Меня зовут Бастиан Брейдфелд, — он всё ещё говорил по-голландски. — Я журналист. Я увидел в твиттере, что ты здесь ужинаешь, и как раз совершенно случайно очутился поблизости. На этой неделе я, разумеется, пишу в основном про ураган, но после выхода интервью с Юно мне, конечно, чрезвычайно любопытно услышать и твоё мнение.

Я не могла пошевелиться. Я думала, что мне удалось сбежать, но оказалось, охота не закончилась, она продолжалась. У этого журналиста не было с собой ружья, но оно и не требовалось. Ему хватило смартфона с аккаунтом в твиттере.

Мне хотелось закричать, что я не Эмилия. Но нужно было разобраться.

— Что за интервью с Юно? — Голос у меня дрожал. Чувство было такое, будто в затылок упёрлось холодное дуло. — Как вы могли узнать в твиттере, что я сейчас здесь? Меня тут никто не знает!

Он достал из кармана телефон и показал мне экран. Твит @abbygreenberg, которая с гордостью сообщила, что ест тайскую кухню в компании с #scarybrother, #moviestar и #emiliadewit. Ну и, конечно, наше фото прилагалось.

Я ненавидела эти бессмысленные хештеги в твиттере. Я ненавидела #маленькихтупыхдетейкоторыезаужиномтайкомсидятвтвиттере.

— Ты на самом деле хочешь сказать, что до сих пор не читала интервью с Юно? — спросил Бастиан. — Оно уже несколько часов доступно онлайн.

Я резко поднялась, от чего у меня закружилась голова. Нужно было как можно скорее бежать от этого человека. Бежать от его дурацкого провинциального акцента, бежать от его голландских лопоухих ушей и бледных тонких губ, которые всё время повторяли имя «Юно».

Я посмотрела на остальных:

— *Let's go*.

— А как же этот господин? — спросила Эбби.

— Не обращай внимания. Это журналист.

— И что ему нужно?

— Эбби, — строго сказал Джим, — пойдём на улицу.

Сэт побледнел.

— Вы побудете с Эмилией? Я пока расплачусь.

Я пошла к двери. А когда обернулась, увидела, что Бастиан идёт за мной. Совершенно спокойный, руки в карманах. Запросто мог точно так же шагать вдоль поля с брюссельской капустой. Или по лугу с коровами.

На улице уже была ночь, но в этой части города это никого не волновало. Здесь уличные фонари горели без перебоев, а цветные рекламы как ни в чём не бывало сверкали яркими огнями.

— Я понимаю, что прошлая неделя выдалась для тебя непростой, — сказал Бастиан. — И совсем не собираюсь досаждать. Просто хотел дать тебе возможность отреагировать на слова Юно.

Всё время её имя. Ещё ни одно слово никогда не вызывало у меня столько ненависти. Юно, Юнона, богиня света. Покровительница небес. Защитница брака.

— Люди же должны узнать и твою сторону всей этой истории? — нарочито вежливо спросил Бастиан.

— У меня нет никакой стороны, — крикнула ему я. — Мой отец делает что хочет, а эту девушку я не знаю. Оставьте меня в покое!

— А вот Юно очень подробно рассказала о тебе в своём интервью...

Он провёл пальцем по экрану своего телефона, и я сжала кулаки. За стеклом в ресторане я видела Сэта, он ждал официанта.

— Вот, — сказал Бастиан. — Послушай, что говорит Юно. — Он начал читать вслух: — «Вообще, это, конечно, дико противно, когда в тебя влюбляется какой-то пятидесятилетний дяденька. И если бы он прицепился ко мне в чате, я сразу бы его заблокировала. Но, честно признаюсь, у меня тогда были совсем плохие оценки по математике. И если бы он подтянул мне средний балл хотя бы на троечку, я бы не осталась на второй год. А что тут такого? Все девочки так делают! То есть все мало-мальски симпатичные. Надела свитерок покороче, изобразила улыбочку послаще — а почему бы и не воспользоваться?»

Он оторвался от телефона и взглянул на меня, а я впилась ногтями в ладонь изо всех сил.

— Это ведь мы и так знали? — сказала я.

Вовсе не потому, что хотела показаться крутой и смелой. Я на самом деле всё это знала. Юно — шлюха, а мой отец — придурок. Именно такой, с которым можно похихикать в чате и тут же заблокировать.

Бастиан стал читать дальше. Эбби и Джим слушали непонятные слова, затаив дыхание. Сэт всё ещё не вышел из ресторана.

— «Конечно, он мне даже не нравился — у него же руки волосатые! От него пахнет кофе, и он старый. Но люди не понимают. Между нами было что-то особенное. Он рассказывал мне вещи, о которых больше ни с кем не мог поговорить. У него есть жена и дочь, но он говорил, что часто чувствует себя так, будто один парит среди звёзд. Я сначала не поняла, что это такое вообще, а он объяснил, что чувствует себя одиноким. Честно. Он так и сказал: будто летит в холодном пустом космосе. А я — единственный человек, который летает возле него».

К горлу подступила тошнота.

Разве это может быть правдой? Мой отец всё это время был заперт в своей собственной капсуле, а я этого даже не замечала?

Бастиан провёл рукой по ёжику коротких волос:

— Юно тут изливается аж на целых двух страницах. Разболтала всё, что только смогла вспомнить об откровениях твоего отца. Как будто изо всех сил хотела доказать, что между ними и в самом деле было что-то особенное. — Он вздохнул. — Но конечно, есть вероятность, что она тут добрую половину из пальца высосала. Такое ведь тоже возможно. — Он посмотрел на экран и нахмурил брови: — Это правда, что твоя мать порой может хорошенько... хм, выйти из себя? Да так, что способна искромсать на мелкие куски свои картины и твоему отцу приходится давать ей успокоительное?

Я опять почувствовала затылком холодное дуло.

И одновременно вспомнила обрывки изорванных холстов. Иногда в приступе ярости она резала их на крошечные кусочки. Но иногда у неё получались прекрасные длинные полосы. Когда я была маленькой, сворачивала их в рулоны, как разноцветные бинты, которыми потом перевязывала моих плюшевых зверей. И кстати, это неправда, что именно мой отец давал ей успокоительное. Я уже давно знала, где у нас лежит оксазепам.

Наконец из ресторана вышел Сэт. Он быстро приблизился к нам и сказал:

— Пойдём.

Но я осталась на месте. Этот журналист говорил о моей жизни, и мне нужно было знать, что дальше.

— А это правда, что ты страдаешь неврозом навязчивых состояний? — спросил Бастиан. Он всё ещё говорил по-голландски. — Юно утверждает, что твой отец очень беспокоится, потому что терапия тебе не помогла. Она говорит, что ты моешь руки...

Я заметила, что он оторвал глаза от телефона, и быстро спрятала руки за спину.

Он понимающе кивнул:

— А ещё твой отец жаловался Юно, каково это, чувствовать себя связанным по рукам и ногам. Просыпаться по утрам, зная, что у тебя работа, ипотека, жена и дочь и от всего этого ты никогда не отделаешься. Ты повязан.

Я понимала, что делает Бастиан, но мне вдруг стало плевать. Я была сыта всем этим по горло.

— Серьёзно? — спросила я. — То есть этот козёл сначала говорит, что он в одиночестве парит среди звёзд, а потом жалуется, что его связали по рукам и ногам? И это учитель математики? У него же диссертация по логике! — Мой голос становился всё громче. —

И этот лузер действительно думает, что ему никак не избавиться от меня и моей мамы? Ну, тогда я могу его утешить. Когда он в следующий раз проснётся в тюремной камере, будет свободным как птица!

Сэт взял меня за руку.

— Пойдём, — сказал он настойчивым шёпотом. — Ты же не хотела говорить с этим человеком!

Я высвободилась.

— А почему все могут высказаться, а я нет? — крикнула я по-английски. — Почему я должна убегать и прятаться, пока весь мир как будто сорвался с цепи в интернете? Пока эта *fucking* Юно раздаёт интервью направо и налево! — Мой кошачий хвост дёргался из стороны в сторону, ободок с ушами больно впился в голову. — Да о чём только думал этот ублюдок? Ему было мало крутить шашни с семнадцатилетней? Ему непременно надо было с ней ещё и разговаривать?

— Эмилия... — позвал Джим.

— Да дайте мне уже тоже разок сорваться с цепи! Какая мне теперь разница? Всё равно мою жизнь вывернули наизнанку и вытащили на всеобщее обозрение!

— Ты можешь срываться сколько хочешь, — тихо сказал Джим. — Но лучше делать это не в присутствии журналистов.

— Я не поняла, — с тревожным видом вмешалась Эбби, — кто крутил шашни с семнадцатилетней? А крутить шашни — это то же самое, что трахаться?

— Закрой рот, — строго велел ей Сэт.

Мимо неслись машины. Прохожие мельком поглядывали на нас и равнодушно проходили мимо. Люди думали, что мы репетируем какое-то костюмированное представление. Я стояла в окружении зомби, ведьмы и скелета, но знала, что это не кино. Всё происходило на самом деле.

— Значит, это всё правда? Всё, что сказала Юно? — спросил Бастиан. — Она тут ещё говорит о...

— Да пошёл ты! — заорала я изо всех сил. — Тебе всё мало? Я в бешенстве, так и напиши в своей газетке. Эмилия де Вит матерится на улице в Нью-Йорке. И она считает, что всем пора заткнуться и заняться собственными проблемами. А если у вас куча свободного времени, лучше помогите тем, кто пострадал от урагана!

Никогда в жизни я так не злилась. До сих пор я жила в чёрной дыре. Когда я злилась, у меня всё взрывалось внутри, и я думала, что сейчас умру. Но сейчас всё было по-другому. Когда-нибудь я всё равно умру, я об этом знала. Но только не сегодня. Никогда в жизни я ещё не чувствовала себя настолько сильной и настолько живой.

— Может, ты хотела бы что-то сказать в ответ Юно? — спросил Бастиан.

— Ты до сих пор не понимаешь, да? Если мне надо будет что-то сказать Юно, я возьму и скажу! И ты мне для этого не понадобишься! Как и все эти сумасшедшие в твиттере! Пусть рассказывают своим жёнам, что хотят поджечь наш дом и кастрировать моего отца! Зачем мне читать это в интернете, когда они всё равно никогда этого не сделают? Как меня достала вся эта чушь!

— Мы уходим, — решительно сказал Сэт и потащил за собой Эбби. Но потом увидел, что я осталась на месте, и остановился.

Я смотрела на Бастиана:

— Что, всё ещё не понятно?

— Ну...

— Да мне насрать на всех этих идиотов в Голландии! Я живу в Нью-Йорке и только что пережила ураган. Вот моя история. — Я почти охрипла от крика, но мой голос больше не дрожал. — Я перекрасила волосы и переоделась, заметно? Я праздную Хеллоуин! Этот костюм лежал и плесневел в сундуке сто лет, а я не принимала душ с понедельника, так что с моим неврозом всё отлично! И пока бедняжке Юно ставят троечку только за сиськи, я в одиночку перелетела океан и добралась до Нью-Йорка! Вот вам моя история!

Он опять провёл рукой по своему ёжику с залысинами.

— А когда именно ты...

Я посмотрела на этого капустного слизня и решила, что разговор окончен.

— *Fuck off*, — сказала я, развернулась и быстро пошла прочь.

36

Мы опять остались не в полном составе. Зомби с ведьмой уехали домой на такси. Эбби едва стояла на ногах, а палец у Джима болел так, будто его отпиливали.

Сэт уже стоял у открытой двери такси, когда я помотала головой:

— Поезжайте без меня! Я всё равно не смогу заснуть. Мне нужно пройтись.

Он молча посмотрел на меня и отдал своей сестре двадцатку и ключи от дома. А потом захлопнул жёлтую дверцу и остался на тротуаре рядом со мной.

И теперь мы вдвоём шли по улице. Была уже половина одиннадцатого, но для Нью-Йорка это ещё детское время. Машины гудели в пробках, сверкали вспышки фотоаппаратов, город бурлил, а я могла запросто пробежать марафон. Я могла бы разбросать заграждения, забраться на небоскрёб или сыграть главную роль в мюзикле, где надо было танцевать и петь одновременно.

Я помню, как в первый раз прочитала про сверхновую. Так называют звезду, когда она взрывается. Она не разваливается спокойно на части — происходит гигантский взрыв, во время которого высвобождается невероятная световая энергия, равная миллиарду солнц. Когда я впервые об этом услышала, попыталась представить себе, каково это: световая сила в миллиарды солнц.

Теперь я это знала.

— Для какой газеты пишет тот журналист? — вдруг спросил Сэт.

Я даже испугалась, потому что уже минут двадцать делала вид, будто его не существовало. Как будто рядом со мной не шёл тощий скелет, как будто он не видел оба мои лица, как будто мне всё равно, что он обо мне думает.

— Понятия не имею.

— Но он же назвал своё имя? — Сэт остановился. Лицо его по цвету очень подходило к свитеру с костями. Мышцы на шее напряглись. — Если мы выйдем на его шефа, сможем рассказать, как всё было. Что этот журналист тебя преследовал и что он не имел права брать у тебя интервью без присутствия родителей. Если мы поторопимся, сможем помешать его статье...

— Сэт! — Я смотрела на него не моргая. — Мне всё равно. Пусть себе пишет про меня. Я не боюсь.

— Ты серьёзно?

— Ты даже не представляешь, — медленно сказала я, — как же это здорово, хоть раз в жизни не сдержаться и сказать всё, что думаешь.

Сэт посмотрел на меня, и я увидела, что он хочет сказать мне тысячу разных вещей. Но он этого не сделал.

Надвигалась темнота. Мы проходили мимо ярко освещённого зала с банкоматами, битком набитого людьми. Они сидели на полу и на складных походных стульчиках с ноутбуками на коленках в окружении удлинителей с розетками, телефонов и пустых картонных стаканчиков из-под кофе. У витрины стояли, молча уставившись на них, двое туристов. Не хватало только таблички: «*Homo sapiens*, подвид *Dark people*. По стеклу не стучать».

— Значит, мы ничего не предпримем? — спросил Сэт. — Дадим этому типу сделать его дело?

— Да.

— И ты об этом не пожалеешь?

— Нет!

Миллиарды солнц всё ещё горели у меня в животе. Я показала на сказочную башню с орлиными головами, которую впервые увидела, когда вышла из автобуса в пятницу. Верхушка башни была в золотой сияющей чешуе из яркого света.

— Вот моё любимое здание.

Сэт даже не посмотрел.

— Что же такое с Нью-Йорком! — воскликнула я. — Стоит только взглянуть по сторонам, и мне кажется, что я влюбилась. — Я раскинула руки. — Это такой жестокий, холодный, несправедливый город, но я бы, наверное, отдала как минимум три пальца, чтобы тут жить.

Он сунул руки в карманы и ничего не сказал.

— Да прекрати же всё усложнять! — крикнула я ему. — Пока будешь прятаться в своей капсуле, не сможешь быть счастливым. Там, внутри, никогда ничего не произойдёт, это же ясно.

Глаза у него стали совсем тёмные.

— Как будто тебе так уж здорово тут, снаружи.

— Сегодня мне тут отлично!

— Ты шутишь? Сегодня было отлично?

Я на минуту задумалась и вдруг поняла, что этот день останется в моей памяти навсегда. Когда мне будет тридцать, пятьдесят и восемьдесят, я буду помнить его до малейших деталей. Как мы сидели у розеток в ледяном холодном переходе на вокзале. Проверяли почту в окружении таких же *dark people*. Ужинали вчетвером в самом крутом ресторане. И как я орала во всю глотку на журналиста, но потом ни капли не пожалела об этом.

— А тебе сегодня разве не понравилось? — с вызовом спросила я. — Ты бы больше хотел отправиться в школу? Или просидеть весь день в своей комнате?

— Это подло. Когда ты так говоришь...

— Но это правда! Просто ты этого не видишь через своё запотевшее окошко в капсуле.

Мы перешли через дорогу и зашли на территорию *City of Darkness*. Темнота была не такой кромешной, как вчера. На перекрёстках стояли полицейские с фонарями, а вдоль улиц были разложены какие-то фейерверки, которые не стреляли и не взрывались, а разбрасывали красные искры. Как хорошо, что они догадались, как опасно жить в городе без светофоров.

Но потом мы прошли Юнион-сквер, и кругом стало так же темно, как вчера. Никаких полицейских, никакого красного фейерверка, ничего. Видимо, мэр Блумберг решил, что будет вполне достаточно, если в живых останутся только жители города к северу от этого места. А все, кто живёт здесь, — они, наверное, не настолько важны?

— Тут всё как будто вымерло. — Сэт огляделся по сторонам. — На улице только те, кому совсем никуда не надо.

— Мне вот сегодня было совсем никуда не надо, — тихо сказала я.

И услышала, как он тихонько хихикнул.

— Как это я мог забыть? У тебя же был лучший день в твоей жизни. — Он почесал в затылке. — Но ты права. Я рад, что мы с Эбби не остались у Бриджет. Когда что-то такое происходит, не хотелось бы пропустить.

Мы шли очень медленно. Иногда останавливались и смотрели наверх. В нём было что-то магическое — в этом городе мира в полной темноте. Было холодно, и стояла мёртвая тишина, только где-то вдалеке визжала сирена. Угольно-чёрные силуэты домов на фоне неба. На плоских крышах деревянные водонапорные башни: огромные цилиндры на ножках, ночью они выглядели угрожающе.

Я дышала так глубоко, что чувствовала, как холод дрожит у меня в животе. Я задумалась о том, что мой отец говорил Юно. О том, что он такой одинокий. Что каждое утро он просыпается с чувством, будто его связали по рукам и ногам.

Одиночество я могла себе представить, но вот что его повязали — нет. Я уже давно решила, что уйду от родителей, как только сдам выпускные экзамены. Я не собиралась всю жизнь жить с ними в одном доме. Я попыталась представить, как бы я себя чувствовала, если бы знала, что так будет всегда. Что моя жизнь всегда будет такой. Что это всё. Только это, до самой смерти.

— Где остановились твои родители? — неожиданно спросил Сэт.

Я вздохнула:

— У друзей. Они хотели забронировать отель, но все отели в городе забиты кинозвёздами, которые сбежали от темноты. Так что теперь остановились у какого-то знаменитого скульптора. В светлой части города, конечно.

— А ты?

— Я останусь у вас. — Сэт не видел, что я смотрела на него. — Конечно, если вы разрешите...

Он что-то пнул на дороге и равнодушно сказал:

— Я не возражаю. И моя мама наверняка тоже. Надеюсь, завтра у неё всё-таки получится прилететь.

Их мама. Я была настолько занята собственными родителями, что совсем про неё забыла. На меня навалилось всё сразу. Взрослые вдруг стали приближаться к нам со всех сторон. Мои собственные родители уже были в городе, и незнакомая мама Сэта и Эбби тоже скоро приедет. Через двадцать четыре часа всё изменится.

Я сжала кулаки, потому что мне не хотелось, чтобы это закончилось. Наверное, я сошла с ума, но я хотела навсегда остаться с Сэтом, Эбби и Джимом в ураганном приюте. Мне хотелось считать часы дневного света и переживать о том, хватит ли нам питьевой воды. Я была жутко грязной, на мне кишели бактерии, но я шла рядом с Сэтом, и пока было темно, мы были вместе.

Я сказала, что больше не боюсь, но это было, только когда Сэт смотрел на меня через своё запотевшее окошко. Или когда Джим рассказывал мне об ипотечных долгах, или когда ночью я лежала рядом с Эбби. Когда Нидерланды были от меня в шести тысячах километров. И когда взрослые не тянули ко мне свои грязные лапы.

Завтра я снова увижу моего отца. Стоило мне об этом подумать, меня охватывал смертельный ужас.

37

Когда следующим утром я открыла глаза, на меня смотрела Эбби.

— Ты на меня злишься? — спросила она. — Из-за твиттера.

Я застонала. Через пару часов я буду сидеть рядом с моим отцом. Лучше бы я не просыпалась.

— Я же выучила твою фамилию, — сказала Эбби с несчастным видом. — Я хотела, чтобы все знали, кто ты такая!

— Всё нормально, — вздохнула я. — Пусть все знают, кто я такая.

На завтрак мы ели консервированное мясо с бобами. У нас осталась одна чистая сковородка, и мы разогрели в ней содержимое двух банок. Мы радовались тёплой плите, потому что в доме становилось всё холоднее. Тот человек с безумным взглядом с Юнион-сквер был прав: начинались заморозки.

За завтраком я была в одноразовых перчатках. Эбби их не надела. Мы обе заметили это, но промолчали. Мы превратились в механизм с идеально подогнанными шестерёнками. Я раздала всем остальным влажные салфетки, чтобы стереть грим. Мы по очереди сходили пописать, а потом вылили в унитаз большое ведро воды. Мы набили сумки чипсами, зарядками, взяли последнюю бутылку минеральной воды и отправились на север.

Мы шли очень быстро, чтобы согреться, и выдыхали облачка пара в утренний морозный воздух. Я никому не говорила, как мне страшно, но в этом и не было надобности. Когда одна шестерёнка в механизме не может пошевелиться от нервов, это сразу заметно. Сегодня я должна была встретиться с родителями. Они были здесь, и я бы больше не выдержала. Я больше не хотела прятаться.

Так что, как только связь восстановилась, я сразу договорилась с ними о встрече. По СМС, конечно. Мои родители хотели встретиться со мной в час дня в музее Фрика. Нора Квин была в своём репертуаре: в конце этого дня она сможет поставить галочку не только перед пунктом «встретиться с дочерью», но и перед «посетить самый красивый музей».

— И что теперь? — спросила Эбби. — Тебе же нужно быть там только в час...

— Пойдём в книжный, — сказала я не раздумывая. — Мне нужен интернет.

Остальные кивнули.

В тёплом магазине мы снова расселись на полу в своём вестибюле. Я тут же начала гуглить, не появилось ли новых статей о скандалистке Эмилии де Вит. Когда я подняла глаза, увидела, что все остальные напряжённо не сводят с меня глаз. Теперь и Эбби знала, что произошло с моим отцом. После вчерашнего вечера трудно было держать это от неё в тайне.

Я сразу же нашла статью Бастиана Брейдфелда. Там была ссылка на твит Эбби с нашей фотографией, и сначала я не могла от неё оторваться. Скелет, зелёная ведьма и кошка весело смотрят в камеру.

И эта беззаботная весёлая кошка — я.

Последний раз я видела у себя такое выражение лица на фотографии в паспорте, там у меня был такой вид, как будто я в полнейшем восторге от перспективы всей моей будущей жизни. Но эту фотографию в твиттере сделали не три года назад, её сняли вчера. Ещё четырнадцать часов назад я смотрела именно так.

— Всё ужасно? — спросил Сэт.

Я наконец-то прекратила пялиться на себя и стала читать статью.

Итак, я орала на улице в Нью-Йорке. Бастиан уделил достаточно внимания прохожим, которые останавливались в удивлении, и сигналящим *yellow cabs*. Материлась я весьма разнообразно, и несколько цитат он основательно переврал. Но впервые в жизни я перестала быть невидимой.

Все мои одноклассники, и учителя, и Юно прочитают это. Пока они сидели в школе, я с моими американскими друзьями праздновала Хеллоуин. У меня есть своё мнение, я топнула ногой посреди улицы в лучшем городе земли, и Бастиан назвал мой костюм кошки элегантным.

— Что он пишет? — нетерпеливо спросила Эбби.

Я подняла телефон и показала фотографию:

— Вот такой я хочу быть.

— Ты такая и есть, — тут же заметил Джим. — Я иногда бываю менее зелёным, а вот ты-то всегда так выглядишь.

— Не всегда, — сказал Сэт. — Но часто.

Я опустила глаза и посмотрела на свою ладонь. От жуткого пореза осталась только длинная тонкая корочка.

Значит, мой отец прочтёт в интернете, что его дочь вчера кричала о том, как он проснётся в тюремной камере. И о том, что он крутил шашни с семнадцатилетней девицей. Я понятия не имела, что ему сейчас скажу.

А потом я вздохнула, потому что решение, конечно же, было очень простым. На все его обвинения я должна была кричать: «Знаешь, вообще-то, ты поступил намного хуже!» несколько лет подряд, пока мне не исполнится восемнадцать и я не уйду навсегда из их дома.

Прошло тридцать шесть минут. Время тянулось медленнее, чем обычно. Мы с Эбби рассматривали книгу с лучшими фотографиями Нью-Йорка. Она изо всех сил старалась меня отвлечь, так что я пыталась концентрироваться на небоскрёбах, но перед каждой фотографией снова возникали лица моих родителей. Я не могла думать ни о чём другом.

— Эбби! — Сэт вернулся из отдела своих любимых компьютерных книжек, держа в руке телефон. — Мама звонила. Ей удалось прорваться на ночной рейс. Она только что приземлилась и едет домой.

— Правда? Она и багаж уже получила?

Он кивнул, и Эбби начала танцевать и скакать зигзагами между рассевшихся на полу *dark people*.

— Мама вернулась! Мама вернулась! Мама вернулась!

Тёмная косичка взлетала вверх, как будто Эбби неслась на американских горках, а резиновые сапоги гремели на весь магазин.

— Ты так сильно по ней скучала? — удивился Сэт.

— А то! — крикнула она. — Мама никогда ещё не уезжала так надолго. А у нас тут был ураган! Было так темно и холодно, и у Эмилии была истерика, и у Джима болел палец, а мамы не было.

Сэт сел рядом со мной, пока Эбби продолжала танцевать. Мы сидели и смотрели на неё.

— Нам нужно идти! — вдруг воскликнула она. — Мама наверняка знает, что нужно делать с червячком Джереми Джонса, а я потом расскажу вам. — Она потащила Сэта за свитер. — Я хочу быть дома, когда она приедет!

— Ещё рано, мы можем подождать тут.

— Но нам же ещё возвращаться, отсюда же далеко.

Сэт ничего не ответил и остался сидеть. Я подумала, понял ли он, как и я, что именно сейчас произойдёт. Что ураганному приюту придёт конец.

— Если вы против, я не буду пока ничего спрашивать про Джереми Джонса, — Эбби наконец остановилась. — И ничего не скажу ей о том, что Джим напоил нас вином, это будет секрет, как и то, что Эмилия ест в перчатках и орёт на журналистов прямо на улице.

Её брат по-прежнему молчал.

— И я не буду спрашивать про папу. Честное слово. Я знаю, что нельзя.

Мы посмотрели на Сэта. Некоторое время никто даже не шевелился. А потом я сделала крошечное движение. Я сидела совсем рядом, и у меня получилось положить указательный палец на его указательный палец так, что никто не заметил. Но он это почувствовал. Я точно знала.

Это был идеальный мостик для бактерий, но мне было всё равно. Мы с ним были одинаково грязными и немытыми.

— С Джереми Джонсом я бы повременил, — неторопливо сказал Сэт Эбби. — Эмилия вон тоже ничего не понимает в червячках, а ей, между прочим, уже четырнадцать.

Джим хихикнул.

— А про папу спрашивать можно. Но только, может, не сегодня. Мама же только прилетела, и тут был ураган, и ей надо будет привыкнуть. Но потом, когда вернётся свет, мы обо всём поговорим. Ладно, Эбби?

Она посмотрела на него очень серьёзно:

— А о том, что его больше нет? Об этом тоже можно говорить?

Сэт кивнул.

— А о том, что я по нему скучаю? И что я отлично помню очень многое, но совсем забыла, какие у него были ботинки?

Я убрала палец. Но Сэт этого не почувствовал, потому что уже поднимался с пола.

— Пойдём, Эбби, нам пора домой.

38

Мы с Джимом шли по Пятой авеню. Я слишком нервничала, чтобы оставаться в книжном, а Джиму опять нужно было в больницу. Я не рассматривала его руку, но он сказал, что палец, похоже, загноился. В любом случае из него что-то выделялось, и мокла повязка — явно ничего хорошего.

Мои сапоги тащились по серым тротуарным плиткам. С каждым шагом ещё немножко Эмилии оставалось в Нью-Йорке. Если бы о камень стирались не только подошвы, но и ноги, туловище и голова, мне ни о чём не надо было бы больше думать.

Я всё время пыталась представить себе, что мы с родителями сейчас скажем друг другу, но у меня не получалось. Вдруг разболелась голова, и живот тоже болел, так что было бы лучше тоже отправиться в больницу. Если выбирать между родителями и бактериями, я бы сейчас выбрала бактерии.

Единственное, что мне сегодня не досаждало, — дрожащие коленки. Странно, но я могла смотреть на Джима и не падать в обморок. У меня было чувство, что рядом со мной сейчас мой жутко симпатичный и слегка чокнутый двоюродный брат.

— Нам туда, — вдруг сказал мой чокнутый брат и потянул меня за рукав в сторону широкой каменной лестницы. — Может, голландскую атеистку ещё удастся спасти.

Это был собор. Огромное строение в стиле неоготики, как будто оказавшееся здесь прямиком из Диснейленда, но совершенно незаметное среди небоскрёбов. Джим зашёл внутрь так запросто, будто в гости к хорошим знакомым, а я неловко замешкалась. Высоко над головой к небу поднимались своды. Внутри было тепло и пахло горящими свечами и пылью.

Я медленно пошла вперёд, всё ещё размышляя о моих родителях. Моих правильных родителях, которые никогда не заходят в церковь — разве что в отпуске, потому что тогда в плане мероприятий непременно есть пункт «посещение культового сооружения».

Я разглядывала ряд витражей и орган, а потом забыла про здание и стала смотреть только на людей. Они сидели в полутьме на скамейках и явно не были туристами. Это были ньюйоркцы.

Это были люди, которые только что пережили ураган.

Я тихо скользнула на гладкую скамью. Я видела, как люди молятся и встают на колени. Я видела, как люди плачут. Настоящие взрослые люди, которые пришли сюда, чтобы поплакать. Только Бог знал, что они потеряли за эти дни.

Я смотрела на них и впервые в моей атеистичной жизни смогла представить себе, чем могла быть для человека церковь. Особенно раньше, когда весь мир был похож на сегодняшний тёмный Нью-Йорк. В таком мире нужно место, где можно зажечь свечи. Где тепло и где можно плакать, пока тебя слушают могучие своды.

Я поднялась и медленно пошла к Джиму, который стоял возле ряда зажжённых свечей. Я достала из сумки деньги и купила и поставила одну свечку. Наверняка нельзя было ставить свечки за себя, так что я смотрела на пламя и думала, что она за мою маму. И за всех жертв урагана. За Обаму, которого должны переизбрать на следующей неделе. И конечно, за Сэта и Эбби. А потом я снова достала из сумки деньги и зажгла ещё две свечи, потому что не могла себе представить, что Бог поможет стольким людям за один крошечный огонёк.

Я вдруг услышала, как рядом со мной Джим безнадёжно, тяжело вздохнул:

— Что я здесь делаю?

— В этой церкви? — шёпотом спросила я. — Это тебе лучше знать.

— В Нью-Йорке! Я же не могу работать. Мне нечем платить за квартиру, а про счета из больницы и подумать страшно.

— У тебя вообще нет никакого плана? — тихо спросила я.

Он смотрел на море огоньков:

— Нет.

— У Эбби есть. Она собирается выйти за тебя замуж, стать хирургом и зарабатывать столько денег, чтобы ты мог целыми днями валяться на диване и рассуждать о кризисе.

Он развернулся, и мы вместе вышли из церкви.

— Она правда так сказала? — спросил он и посмотрел на тёмные облака. — *Fucking hell*.

— Что такое, не хочешь на ней жениться? — весело спросила я, но он был очень серьёзным — таким я его ещё не видела.

— Это же именно то, что целыми днями делает мой папаша! Валяется на диване и рассуждает о кризисе. — Джим посмотрел на меня: — Сэт и Эбби жутко бесят, правда? Ты же согласна? Они такие правильные, всё время заняты, всё время строят планы...

— Ужасно бесят! — подхватила я. — Я вот понятия не имею, чем займусь дальше. Я даже не знаю, что будет на следующей неделе...

Мы шли мимо витрин с бриллиантами, часами и шикарными конфетами.

— А знаешь, что бесит больше всего? — спросил Джим. — Что это дико круто, что Эбби в свои девять точно знает, что хочет стать хирургом. А Сэт, конечно, будет большой шишкой в каком-нибудь «Эппле» или «Гугле».

— Ты считаешь, что это круто? — опешила я. — Ты же намного круче них! В этой твоей кожаной куртке и со шнурками, которые ты никогда не завязываешь, и с восемью пальцами. Ты, по крайней мере, не прикидываешься, что всех понимаешь. И ты не такой благородный, чтобы откладывать деньги на учёбу своей сестры, и ты не пытаешься всё время мне помогать.

Джим остановился на углу со стеклянным кубом. На другой стороне улицы ждала вереница карет с лошадьми для туристов, которые хотели представить, что они в голливудском фильме.

— Ты серьёзно? — спросил он. — То есть это во мне круто? Куртка и развязанные шнурки?

— Я не то хотела сказать!

— Я понял, — улыбнулся он. А потом вздохнул: — Ты права. Я даже не в состоянии завязать собственные шнурки. Надеюсь, Господь когда-нибудь даст мне на это силы...

— Бог дал, Бог взял — есть же такая пословица?

Он кивнул:

— Бог взял палец и дал мне гнойное воспаление, — он посмотрел на повязку на руке. — Мне правда надо в больницу, а то, чего доброго, скоро оттяпают всю руку. Мы увидимся вечером или ты останешься со своими суперкрутыми родителями?

Живот заболел ещё сильнее.

— Понятия не имею. Может, они уже наняли пятерых полицейских, чтобы меня скрутили и доставили в аэропорт. Но если это не так, я вернусь в ураганный приют.

— Ну и хорошо. Ладно, передавай привет от меня своей маме. И скажи своему отцу, что он придурок. Надо было закрыть рот и не трепаться с этой Юно, а просто как следует её трахать.

— Джим!

Он усмехнулся:

— Знаю, я неотёсанный лузер. — Он развернулся и пошёл по улице, а потом поднял вверх руку. — Удачи, *Имилия*! Я буду за тебя молиться.

39

«А какой у меня вообще был план?» — задала я себе вопрос, пока шла к музею вдоль Центрального парка. На прошлой неделе мне хотелось только одного — сбежать. Мне хотелось выбраться из болота, и у меня это получилось. А потом налетел «Сэнди», и я обо всём забыла.

Но что я вообще собиралась делать тут, в Нью-Йорке? Снимать комнату всю оставшуюся жизнь? Я же не могла на самом деле подумать, что мои родители просто возьмут и быстренько выкинут меня из головы? Конечно нет. А вот что я думала — этого я вспомнить не могла.

Зато я знала, что я думаю сейчас.

Было полным безумием приехать сюда. Мне нужно было остаться в Нидерландах. Тогда бы я могла месяцами игнорировать моего отца, а потом когда-нибудь начать говорить ему иногда по одной фразе. Начать: «Холодно сегодня», продолжить: «Яблочный сок ещё остался?» и закончить: «Я сдала выпускные экзамены».

Но сейчас из-за того, что я сбежала, нам предстоял Серьёзный Разговор. И это была полная катастрофа, потому что у нас никогда не было Серьёзных Разговоров. Мы не разговариваем. Когда моего отца назначают директором или когда моя мать продаёт картину за безумные деньги шейху Катара, мы друг другу киваем. А когда моя мать режет на куски свои холсты или я начинаю задыхаться от панической атаки, мы вздыхаем. Но мы не разговариваем.

До сегодняшнего дня было так.

Я дошла до музея. Времени у меня было ещё полно, но я всё равно зашла в здание. Я волновалась сильнее, чем тогда на таможне. Там понятия не имели, кто я такая. Но люди, которых я увижу сейчас, знали, кто я. Люди, которых я сейчас увижу, думают, что знают меня лучше всех на свете. И мне предстояло рассказать им, что они ошибаются.

Музей Фрика — не огромный. Здание весьма впечатляющее, но в 1915 году это был просто жилой дом довольно богатых людей. Это и сейчас видно. Здесь идёшь не по голым музейным залам, а по столовой, гостиной и кабинету господина Фрика. Где на стенах как бы невзначай развешены мировые шедевры.

Я бродила по комнатам, но ничего не видела. Мои ноги тонули в толстых коврах, но я и этого не чувствовала. Я — *Имилия*. Испуганная девчонка. Секси-кошечка. Я спала рядом с Джимом, я спала рядом с Эбби, я была дочерью озабоченного школьного директора, я — та самая девчонка, которая кричала на журналиста посреди улицы и взорвалась с силой миллиарда солнц, хотя почти этого не помнила.

А теперь я оказалась во внутреннем садике, где у фонтана на мраморной скамейке сидела моя мать.

Она была одна. На ней было зелёное платье, которое я так любила, а её рыжие волосы были закручены в диковинный пучок. Она подняла взгляд и увидела меня.

— *Darling!*

Я подошла к ней, а она не отрывала от меня серо-зелёных глаз. Мы не обнялись. Я вдруг почувствовала, до чего же я грязная. Благодаря семи пачкам влажных салфеток мне удалось быть чище, чем Сэт, Джим и Эбби. Но по сравнению с Норой Квин я была просто доисторическим монстром.

— Ты покрасила волосы! — воскликнула она по-английски.

Когда мы были вдвоём, всегда говорили по-английски.

— Они жирные. — Я не стала их трогать. — Я не мылась с понедельника.

Она смотрела на меня, как будто рассматривала картину. Неторопливо, с морщинкой между бровями. А потом кивнула:

— Цвет тебе идёт. — Она огляделась по сторонам: — Ты уже посмотрела музей? Я пришла пораньше, не хотелось торопиться. Ты уже видела Гольбейна? А лиможские миниатюры? Они восхитительны.

— Где папа?

Она вздохнула:

— Лежит в постели с мигренью. На прошлой неделе он почти не спал, а два часа назад свалился с приступом. Я закрыла шторы и оставила его в самой тихой комнате в доме.

Я отступила на шаг назад:

— Я не собираюсь его жалеть, даже не думай.

— В этом нет никакой необходимости.

Сквозь стеклянный потолок падал отфильтрованный свет. В фонтане журчала вода.

— Я не понимаю, — сказала я. — Почему ты не в бешенстве, почему не злишься на него? Почему ты его не бросила?

Она нахмурила брови:

— У тебя всего за неделю появился американский акцент?

— Очень может быть, — я гордо задрала голову, совсем как Эбби. — У меня здесь американские друзья, и мы всё делаем вместе. Мы живём в квартире вчетвером, а вчера праздновали Хеллоуин в тайском ресторане. Все переоделись в костюмы. Я тоже.

Некоторое время она смотрела на меня изучающе, а потом улыбнулась:

— А знаешь, ты правильно сделала, что сбежала в Нью-Йорк.

— Я тоже так думаю! Но папа...

— Дорогая, мы в самом красивом музее мира! Давай завтра обсудим, как у нас всё ужасно и что натворил твой отец? Сейчас я хочу увидеть Вермеера.

Её пальцы двигались, как будто она держала кисть. Нетерпеливо. Уверенно и решительно. Куда мне до неё.

И нет, в этом не было ничего страшного. Я и не собиралась с ней соревноваться. Мне просто хотелось быть чем-то большим, вроде моей матери. Чтобы у меня тоже был талант, под который должно подстраиваться всё вокруг. Тогда бы мне больше не пришлось сомневаться. Тогда бы я знала, кто я.

Я ничего не сказала и позволила ей меня увести.

Днями напролёт я думала только о примитивных человеческих потребностях. Мой желудок и мой телефон должны были быть накормлены — это была моя жизнь. А теперь очередь дошла и до души. Я забыла о «Путешествии с подзарядкой» и дала захлестнуть себя ярким цветам, удивительным изображениям и древним историям. Я вспомнила, что в жизни есть больше, чем попкорн, влажные салфетки и электричество.

Затаив дыхание, я слушала мою мать, потому что она не часто находила на меня время. Обычно в таких ситуациях вокруг неё вертелось как минимум два музейных директора и три рецензента. Но сейчас она рассказывала только для меня. А когда Нора Квин говорит о картинах, всё становится понятно. Можно почувствовать каждое слово.

— Только представь себе! — восклицала она. — Фрик построил эту галерею специально для своих картин. По вечерам после работы он ходил тут совсем один среди своих шедевров. И когда за окнами спускались сумерки, он в тишине смотрел на Рембрандта и Вермеера.

— Жалко, что Джим этого не слышит, — сказала я. — Он считает, что сейчас люди богаты. Но Фрик мог запросто купить собственный музей.

Моя мать вздохнула:

— Как было бы прекрасно жить в Нью-Йорке. И каждую неделю приходить сюда.

— И каждую неделю есть буррито в «Дос Торос», — воскликнула я. — И изучить сказочную башню в золотой чешуе как свои пять пальцев. И устраивать пикники с видом на статую Свободы. Жить в городе Сэта, Джима и Эбби.

— А по дороге на работу зайти в музей Гуггенхайма, — она ослепительно улыбнулась, её шёлковое платье закружилось.

Я посмотрела на мою мать и поняла, что всё должно быть именно так. Так я хотела. Если кто-то должен был впасть в бешенство от поступка моего отца, а кто-то — продолжать улыбаться, то роли должны были разделиться именно так. Я должна негодовать, а моя мать смеяться.

Наоборот было бы невыносимо.

40

Я сидела одна в такси по дороге в темноту. День уже почти закончился, и моя мама захотела, чтобы я поехала вместе с ней туда, где она остановилась, но я сказала, что не получится. Мне нужно было вернуться туда, где остановилась я.

Она очень долго смотрела на меня. Я напрягла все до одной мышцы в организме, чтобы рвануть со всех ног, если она захочет меня схватить. Но Нора Квин не хватала людей. И к счастью, ей не пришло в голову нанять пятерых полицейских, чтобы доставить меня прямиком в аэропорт.

И в конце концов она кивнула с видом недовольной королевы.

— Хорошо, — холодно сказала она. — Ты можешь остаться там ещё на одну ночь. А потом опять начнёшь вести себя нормально и присоединишься к нам с папой.

Я не стала ничего обещать.

Расплатившись с водителем деньгами недовольной королевы, я осталась одна посреди ночи. Впервые темнота не была такой кромешной, потому что тучи разлетелись. Светила луна, и в центре Нью-Йорка можно было увидеть звёзды.

Я поставила на землю сумку с минеральной водой и потёрла руки. Теперь нужно было ждать. Я наудачу приехала в ураганный приют и даже не знала, попаду ли в дом. Сегодня утром Сэт и Эбби так торопились вернуться, что мы ни о чём не успели договориться.

Оставалось надеяться, что правила вторника всё ещё в силе: когда стемнеет, кто-нибудь будет каждые пятнадцать минут открывать входную дверь. Но что, если их нет дома? Что, если они пошли с мамой ужинать или отправились в гости?

Я села на ступеньку и сунула руки в карманы болотно-зелёной куртки. Полчаса, сказала я себе. Полчаса я подожду. Если за это время никто не спустится, я поймаю такси и поеду к родителям. И тогда всё действительно закончится.

Я следила за временем на телефоне. И вдруг через тринадцать минут дверь открылась.

— Сэт!

Он стоял на пороге с фонариком. Я вскочила и шагнула к нему.

Мы не бросились друг другу на шею, но почему-то стало так неловко, будто мы это сделали.

— Мы же не договорились! — закричала я. — Я сидела тут у закрытой двери и чуть было не ушла... — Я даже запыхалась. — Но ваша мама ведь вернулась и, может, не захочет, чтобы я...

Он покачал головой:

— Она поехала к Бриджет, чтобы не сидеть тут в темноте и в холоде. Предполагалось, что Эбби поедет с ней, но этот ребёнок закатил такую гениальную сцену! Ей надо было непременно остаться тут с тобой и Джимом, и она разыграла такую драму, что мама сдалась.

— То есть ураганный приют ещё существует?

Сэт улыбнулся:

— Да, мы открыты.

Я шла за ним по лестнице, пыталась не споткнуться и не испугаться до смерти, когда мимо прошуршало что-то очень похожее на мышь, и при этом чувствовала себя так, будто я действительно важна. Как будто люди, услышав о моей жизни, захотели бы оказаться на моём месте. Сегодня днём мы с Норой Квин ходили по самому красивому музею Нью-Йорка. А потом ели сэндвичи с пастрами в *diner*. А теперь я вернулась к моим друзьям.

— Эмилия! — Эбби яростно помахала мне с дивана обеими руками. — Мы ждали тебя целую вечность — я так боялась, что ты больше не придёшь...

Джим усмехнулся:

— Я-то давно сдался, а Сэт всё время бегал в темнотище вниз проверять, не вернулась ли ты. Если бы не он, ты бы так и просидела всю ночь на улице, это точно.

Я глянула на Сэта, а потом быстро опустила глаза. Если бы не он, я бы всю неделю просидела на улице.

Джим и Эбби сидели рядышком, накрывшись одеялом. Вокруг них горело семнадцать маленьких свечек, а на журнальном столике стояло радио. Было похоже на Рождество, только в комнате стоял жуткий холод. И пахло пригоревшим чили кон карне.

— Ну что, твой отец вёл себя как придурок? — спросила Эбби. — Всё время отправлял эсэмэски, пока ты пыталась с ним поговорить, да?

— Я виделась только с мамой. Всё было в порядке.

Я вспомнила, как мы с ней сидели в *diner*. Как обычные голодные люди.

— Если ты с головы до ног обмотаешься пластиком, — сказал Джим, — можешь залезть к нам под одеяло.

— Пластиком?

— А то! — воскликнула Эбби. — Пластиковой плёнкой! От бактерий же!

Я плюхнулась рядом с ними. Мне ни к чему было укутывать миллионы моих бактерий в пластик. Пусть себе перепрыгивают на всех остальных.

— А как же я? — спросил Сэт. — Там, вообще-то, я сидел.

Я подвинулась ближе к Эбби.

— Так садись! — позвала я. — Тут ещё полно места.

Он замешкался.

— Ну и кто тут боится бактерий? Ты же можешь сесть рядом со мной?

Эбби вздохнула:

— Он боится не бактерий, а девчонок.

— И правильно делает, — сказал Джим.

Не глядя на меня, Сэт сел рядом. Нам как раз хватило места. Мы натянули одеяло до подбородка, и Джим сделал радио громче.

Сначала мы слушали новости. Пока мы сидели и грелись вчетвером на диване, нам рассказывали о грабежах в кварталах без света, о драках из-за бензина и о людях, которые часами стояли в очередях за едой.

В мёртвой тишине мы слушали репортаж о матери, которая вечером в понедельник хотела спастись от урагана с двумя сынишками. Когда их машина застряла в потоке грязи, она решила выбираться пешком. Младшего сына она несла, а второго вела за руку. Но огромная ледяная волна вырвала детей у неё из рук. Мальчиков унесло течением. Мать искала их всю ночь, но безуспешно.

Утром тела нашла полиция.

Под одеялом Эбби сжала мою руку. Пальцы у неё были ледяные.

С другой стороны я чувствовала плечом плечо Сэта. Его бедро рядом с моим. Вот если бы я сидела рядом с Джимом, подумала я, тогда касалась бы кинозвезды. Все мои подружки обзавидовались бы.

Но тут мне в голову пришла жутко странная мысль. Такая, что я даже задохнулась.

Я бы не хотела сидеть рядом с Джимом. Даже если бы я могла выбирать, всё равно села бы здесь. Рядом с Сэтом.

Мы не шевелились. Мы слушали.

Ведущие на радио спрашивали, какая песня помогала нам держаться в эти дни. И какие песни люди хотели бы услышать в этот холодный тёмный вечер. И сразу же начались звонки. Все рассказывали свои истории, и я почувствовала себя так же, как тогда у стола с розетками. Связь с людьми, которую я не ощущала никогда раньше. Мы не знали друг друга, но все пережили одно и то же.

Когда люди говорили, в каком районе они живут, я уже знала: они тоже сидят в темноте. Ему тоже холодно, она тоже целыми днями бродит по городу, чтобы выжить.

Одна пятнадцатилетняя девочка звонила из Сохо — это был наш район. Она сказала, что они с родителями и с их бульдогом сидят под одеялом и им очень хочется услышать «*Everything's Gonna Be All Right*». Мы тихо слушали песню, которая легко и весело уверяла нас, что всё будет хорошо. Мне очень хотелось ей верить.

— Я не понимаю, — прошептала Эбби. — А как эти люди звонят из темноты?

— С домашних телефонов, — сказал Сэт. — Они ещё работают.

— Ну разве это не странно? В ураган нужны свечи, радио и домашний телефон. Да средневековым людям жилось бы тут проще, чем нам!

Следующий звонок был из Вест-Виллидж. Мы сочувственно кивнули. Да, там тоже темно. Мужчина тихим голосом рассказал, что его жена на восьмом месяце беременности и что раньше они очень часто включали для малыша «Осеннюю песню» Чайковского. Чтобы у ребёнка было что-то знакомое, когда он родится.

В понедельник вечером, когда отключилось электричество, они как раз слушали «Осеннюю песню». И малыш уже три дня ничего не слышал. Тот мужчина попросил поставить для него эту музыку на радио.

Конечно, её включили.

— Так странно, — прошептала я, — что это происходит именно сейчас. Где-то в километре от нас в темноте мужчина и женщина слушают эту музыку. Под одеялом и при свечах.

— Я бы хотела, чтобы всегда было так, — тихо сказала Эбби. — Чтобы все мы делали одно и то же.

— Посмотрел бы я, как ты в субботу пойдёшь за покупками, — сказал Джим.

Чистые звуки рояля наполнили тёмную комнату. Я почувствовала тёплую руку Сэта и позволила этим волнам накрыть меня. Ещё никогда в жизни я не слушала так классическую музыку. Иногда моя мать включала Моцарта, когда писала картины. Но тогда мне не хватало слов. Мне не хватало текста.

Но сейчас слова возникали у меня сами собой. Я слушала «Осеннюю песню» и слышала историю мужчины и его жены с огромным животом. Я слышала, как в темноте горят свечи, слышала, как плачут люди в церкви, слышала тишину после урагана, слышала, как моя мама смотрит на Вермеера, слышала, как мой отец лежит в тёмной комнате и ждёт, когда пройдёт боль. Я слышала, как под музыку медленно покачиваются в танце бактерии, и представила, что они держат в своих крошечных ручонках зажжённые зажигалки.

Жаль, что у меня не было зажигалки, потому что я непременно присоединилась бы к ним.

А может, и нет. Потому что тогда мне пришлось бы убрать руку и я бы не смогла чувствовать его тепло.

41

В пятницу утром я проснулась, оттого что продрогла до костей. В комнате было так же холодно, как и на улице. В туалете стояла жуткая вонь, вода в ванне почти закончилась, всё было засыпано крошками, а плита вся в пятнах. И это было настоящее чудо, что мы были по-прежнему живы, даже не простудились.

Сэт обыскал все шкафчики и обнаружил одну относительно чистую форму для выпечки. Мы вылили туда две банки супа и поставили её на плиту. Я грела руки у огня, пока Сэт мешал суп. Со вчерашнего вечера я не решалась на него посмотреть.

— У меня для вас в некотором роде... объявление, — вдруг сказал Джим.

Из нас четверых от него пахло ужаснее всего, потому что он все четыре дня был в одной и той же одежде. В тот момент, когда на нас обрушился «Сэнди», вся одежда Джима была грязной, а ни одна прачечная потом, конечно, уже не работала.

— Это вообще-то ужасно, ужасно обидно, сам знаю. Но я принял решение. — Он сделал глубокий вдох. — Я уезжаю в Детройт.

— На выходные? — спросила Эбби.

— Насовсем.

Мы молча уставились на него.

— Ну, как насовсем... — Он сунул в рот ложку арахисовой пасты. — *No way*, чтобы я остался там на всю жизнь. Но пока моя рука заживёт и я снова смогу работать, пройдёт ещё несколько месяцев. А у меня на счету только десять долларов. — Он пожал плечами: — Так что я возвращаюсь к родителям. И в школу. Потому что туда берут, даже если у тебя восемь пальцев. Это, конечно, полный отстой, я сам знаю. И вообще, отстой и позор.

— Ты серьёзно? — спросил Сэт. — Ты вернёшься в школу?

— Смешно, да? — Джим вздохнул. — Но взрослые считают, что диплом — это всё. А до меня наконец дошло, как это работает. Сначала надо очень долго всё делать по их правилам. Жить с атомной бомбой, роботами-убийцами и колесом. А потом, когда тебя выучили как паиньку, когда они думают, что ты безопасен и вообще такой как все, вот тогда надо нанести свой удар. И тогда ты изменишь мир.

— Но мы не хотим, чтобы ты менял мир! — отчаянно закричала Эбби. — Всё должно остаться как есть!

Она схватила Джима за руку с таким видом, будто больше никуда его не отпустит.

Я молча села у кухонной стойки.

Джим посмотрел на меня:

— Ну что, ты мной гордишься? Разве я не стал достойным восхищения, взрослым и разумным?

— Если хочешь быть тупым и послушным, то вперёд, — сердито буркнула я.

Он поднял брови:

— Ты же только вчера спрашивала, есть ли у меня план.

— Потому что я хотела услышать, что у тебя его нет! Мы же были людьми без плана, ты что, забыл? А ты с чего-то решил, что тебе надо стать разумным! — У меня в животе вдруг что-то задрожало. — Через два часа я окажусь нос к носу с моим папочкой. И что мне тогда делать? Тоже стать взрослой? Простить ему всё на свете, чтобы мы завтра улетели в Голландию счастливой семьёй?

— Это совсем другое, — сказал он.

Суп закипел. Пока Сэт разливал его по четырём кружкам, все молчали. Я сделала глоток и тут же обожгла язык.

— Мой отец, — сказал Джим, — он говнюк, который слишком много пьёт. А моя мама — настоящий ангел, который изменяет ему с Господом Богом. Но они никогда не делали мне ничего плохого. Такого, как сделал тебе твой отец своими эсэмэсками. И у тебя есть полное право на него злиться. А у меня нет. — Он вздохнул. — И я на три года старше тебя. Так что, наверное, мне пора уже научиться завязывать шнурки.

— Но они же такие крутые! — крикнула Эбби и пнула меня под столом. — А люди, которые уезжают, — дураки!

— Мегадураки, — подтвердила я.

Она сурово посмотрела на меня:

— А что ты вообще скажешь своему отцу? Вот когда ты увидишь этого гадкого гада, что ты ему скажешь? Ты уже решила?

Я покачала головой.

— У тебя нет плана? — спросил Сэт.

— Разумеется, нет! А ты сам как думаешь? — Я положила ложку и протянула к ним пустые ладони. — Давайте лучше вы. Вы же все знаете, что он сделал. Вот и придумайте мне план. Что мне ему сказать?

Ни одну из моих голландских подружек я не попросила бы о таком. Боже мой, какими далёкими они мне сейчас казались. С того момента, как вышла статья Бастиана, они знали, что я в Нью-Йорке. Они присылали мне сообщения, полные восклицательных знаков и смайликов, но я до сих пор на них не ответила.

Сейчас, на другой стороне океана, я вдруг увидела, как это глупо. Ты попадаешь в класс с тридцатью другими детьми и выкручивайся как хочешь. Эти тридцать — твоя жизнь. Если повезёт, среди них найдутся твои лучшие друзья. А если не повезёт, то ты на долгие годы окажешься взаперти с просто знакомыми. А у просто знакомых не спрашивают, как тебе жить.

Джим зачерпнул ещё одну ложку арахисовой пасты. Сэт нахмурился. Эбби вылизывала кружку, высовывая язык так далеко, как у неё только получалось.

— Я знаю, — сказала она потом. — Ты хорошенько запомни, какие на нём ботинки. Чтобы потом никогда не забыть. И даже если у тебя отличная память, всё равно это лучше записать. На всякий случай.

— Хорошо, — сказала я. — Обязательно запомню.

И я не шутила.

— Скажи ему, что он козёл, — сказал Джим. — Скажи, что у него не было права так поступать с тобой и с твоей матерью. Скажи ему, чтобы держал свои лапы подальше от учениц. И при этом можешь орать на него так же, как на того журналиста. Покажи ему, что ты не маленькая девочка, что ты больше не боишься.

Я почесала в затылке и кивнула. А потом посмотрела на Сэта.

— Просто спроси у него, — сказал он, — почему он это сделал. Спроси, единица или нуль. Или что-то посередине.

42

Впервые после «Сэнди» над городом появилось солнце. Было холодно, ясно, и Нью-Йорк был совершенно прекрасен. Даже улицы без света горделиво сияли.

Я не знала, может, из-за солнечной погоды, а может, и нет, но вокруг вдруг стало намного больше людей. У большого магазина был выставлен деревянный стол с большими кастрюлями, а рядом толпились весёлые люди.

— Бесплатный суп! — кричали они. — Возьмите пончик или круассан — всё бесплатно!

На следующей улице какой-то ресторан выставил на улицу все свои запасы из холодильников. Можно было угощаться фруктами, и кусками шоколадного торта, и сэндвичами. Я, конечно, не стала ничего брать, потому что прекрасно понимала, что тут происходит. Эти рестораны приберегали свои запасы до последнего. Даже если сейчас дадут электричество и лампы и холодильники заработают, они не смогут продать эти торты клиентам, поэтому и раздают всё даром.

Остальные хихикали и набивали рты шоколадом, а я смотрела на литые металлические решётки. Я наслаждалась колоннами и ржавыми пожарными лестницами и вдруг подумала: а что, если стать архитектором? Для этого нужно хорошо разбираться в математике и физике, но в то же время нужно быть и художником. Ведь ты даёшь людям не просто крышу над головой, а что-то и для души.

По крайней мере для тех душ, которые в этом нуждаются. Некоторые души ничего не видят в зданиях, и для них важнее запихнуть в себя три куска засохшего торта.

Когда мы опять пошли дальше, Джим всё время нервно поглядывал на телефон, не появилась ли связь. Теперь, когда он решил вернуться в Детройт, ему нужно было как можно скорее рассказать об этом родителям. Чтобы не передумать.

Я смотрела на парня с забинтованной рукой и внешностью фотомодели, который совсем не хотел ею стать. Его план был смелым, но и опасным. А что, если снимешь кожаную куртку, завяжешь шнурки и на самом деле станешь таким, как все остальные. Что, если узнаешь, что можно заработать кучу денег на роботах-убийцах и дурацких ипотеках. И так и застрянешь во всём этом, так и не изменив мир.

Разве не это случилось почти со всеми взрослыми? Они сдались и стали такими, как все.

— Идите без меня, — сказал Джим, когда телефоны опять запищали. — Мне надо позвонить. — Он вздохнул: — Может, нам и родителей отменить, когда мы вырастем?

— Нет, — строго сказала Эбби. — Отменять родителей мы как раз не будем.

Он усмехнулся:

— Может, Обама придумает новый закон, по которому их можно будет держать включёнными только три часа в день. Было бы намного легче. — Он посмотрел на меня: — Не вздумай просто взять и улететь в свои Нидерланды, поняла? Я хочу знать, чем всё закончится. Ты должна будешь обязательно мне рассказать до того, как соберёшься домой. Обещаешь?

Я кивнула, подумала немного и ещё раз кивнула.

Когда мы с Сэтом и Эбби пошли дальше, я обернулась. Джим поднял вверх свою перевязанную руку:

— *Good luck, Имилия*! Ты же пережила ураган, значит, и с остальным справишься!

Нам нужно было миновать ещё двенадцать улиц до весёлого парка, который я увидела в первый день из автобуса. Вчера я сказала маме, что хочу встретиться с отцом именно там.

Конечно, это было просто смешно. Казалось, что я договариваюсь о встрече с бандитом. Я вдруг почему-то подумала: надо увидеться с ним где-то на улице. Где-нибудь, где много людей, откуда я в случае чего смогу сбежать.

— Хочешь пройти последний отрезок одна? — спросил Сэт.

Я покачала головой. Мне не хотелось, чтобы у меня было время на раздумья.

Мы перешли Тридцать девятую улицу. Люди весело кричали друг другу, сувенирные лавочки ломились, от киосков с кебабами шёл вкусный дымок.

А потом мы дошли до Сороковой улицы. По ту сторону был парк. Жёлтые деревья, стеклянные домики рождественского базара.

Сэт сомневался, а мне вдруг стало на всё наплевать. Наверняка он думал о своих сайтах, которые создаст, когда закончится *power outage*, а я была уверена, что разонравлюсь ему уже через неделю после знакомства, но ведь неделя ещё не закончилась. Он был мне нужен. И я взяла его за руку.

— Вы должны пойти со мной до парка. — Я не смотрела на него. — Пожалуйста.

Все втроём мы перешли дорогу. Рука у Сэта была совсем не липкая. Она была тёплая и сухая, и я не могла вспомнить, когда я так осознанно чувствовала чью-то руку. До сих пор я чувствовала только бактерии.

Каток не работал. Наверное, тоже из-за «Сэнди». Но стеклянные домики с рождественскими безделушками были открыты. Мы прошли мимо разноцветных кусочков мыла, танцующих Санта-Клаусов и носков с вышитыми собаками. На дорожках было полно людей, но я крепко сжимала руки Сэта и Эбби. К сожалению, четвёртый участник нашего бойзбенда отсутствовал, но люди всё равно видели, что мы вместе, и пропускали нас.

Посреди парка у пустого фонтана были расставлены зелёные столики и складные стулья. Там они и сидели.

Моя мать выглядела так, будто уютно расположилась на необитаемом острове. Её рыжие волосы развевались на ветру, и она была в пальто с воротником, который сам по себе был уже произведением искусства.

Рядом с ней сидел мой отец. Я с трудом узнала его, потому что он выглядел точно так же, как тогда, когда мы с ним катались на велосипедах вдоль реки или смотрели на звёзды на крыше. В своей голове я уже превратила его в какого-то преступного типа, грязного слюнявого порнобарона с огромными ручищами.

О моём отце можно сказать что угодно, но он никак не был похож на хозяина борделя.

На нём были одни из его семи вельветовых брюк. Волосы на макушке уже начали редеть, и он выглядел как человек, который по выходным отправляется наблюдать за птицами. Он нервничал, я заметила это уже издалека.

Они тоже меня увидели. Родители смотрели на меня так, будто я была не их дочерью, а кем-то совершенно другим. Человеком, которого они не знали, но который был для них очень важен. Начальник их начальника. Врач, который знает, есть ли у них шанс на выздоровление. Я сжала руки, за которые держалась. Они сжали мои руки в ответ.

Мы дошли до фонтана и остановились у зелёного столика. Я увидела, что мой отец смотрит на мои тёмные волосы, а потом на мои руки. За последние два года он не видел, чтобы я дотрагивалась хоть до одного человека. Вокруг смеялись и кричали туристы. Четверо из нас понятия не имели, что делать, но к счастью, с нами была Эбби.

— Меня зовут Эбби Гринберг, — с достоинством сообщила она и посмотрела на мою мать: — А вы Нора Квин. Я выучила ваше имя наизусть на случай, если Эмилия вдруг потеряет сознание. — Она перевела взгляд на моего отца: — Эмилия рассказала мне, что вы сделали. Я очень рада, что на вас красивые ботинки. Но в остальном я очень на вас зла.

— Мы пойдём, — прошептал Сэт.

Эбби всё ещё смотрела на моего отца:

— Я знаю, что у вашей дочери и у вас сейчас есть планы. Но сначала я должна сказать вам одну важную вещь. Эмилия замечательный человек. И она моя подруга.

Я понятия не имела, зачем ей понадобилось это говорить, но прозвучало это потрясающе. Как будто она была главарём мафии и собиралась пригрозить, что, если с *Имилией* хоть что-нибудь случится, она порежет виновника на маленькие кусочки и сдаст их в «Макдоналдс».

— Эмилия мне почти как сестра. В среду вечером мы ели из одной тарелки, хотя во рту у человека живёт больше бактерий, чем людей на земле. Вы это запомните?

Мой отец кивнул.

— Ладно, — сказала Эбби. — Крепись!

И я почувствовала, как руки исчезли. Сэт почти незаметно взглянул на меня, а потом брат и сестра вместе пошли обратно вдоль рождественских магазинчиков. Я видела их ещё восемь секунд, а потом их проглотил Нью-Йорк.

И я осталась одна с моими родителями.

43

Мы могли бы долго и пристально смотреть друг на друга и испытывать всевозможные чувства. Но мне этого совсем не хотелось.

— Ты прочитал статью? — спросила я моего отца.

Я говорила по-голландски, потому что это был наш с ним язык. Моя мать тут же откинулась на спинку стула. Она прекрасно понимала, что я говорю, но почувствовала, что тут обойдутся и без неё.

— Статью Бастиана Брейдфелда, — пояснила я. — О том, как я в костюме кошки орала на улице.

— Да, я прочёл вчера вечером.

Голос у него тоже не изменился. Он говорил как орнитолог, который любит смотреть на птиц, а не как хозяин борделя. Постаревший усталый человек, которому уже целую вечность не удавалось встретить ни одной новой птицы. А та одна, которую он вдруг увидел, стоила ему полжизни.

— Ясно, — сказала я. — Значит, вспомни, что там было написано. Что я кричала на улице. А теперь представь, что всё это я сказала тебе прямо сейчас. Это сэкономит нам целых полчаса скандала и криков. Но всё, что я сказала там, — правда. Я на самом деле так думаю.

Он сделал именно то, что я сказала: с математической точностью прошёлся по каждому слову из той статьи.

— Фотографию ты тоже видел? — спросила я. — Из аккаунта Эбби в твиттере. Там была ссылка.

Он кивнул.

— Вот так я выгляжу, когда вас нет рядом.

В моей груди расплавились миллиарды солнц. Мы втроём сидели на необитаемом острове. Я больше не видела рождественской ярмарки.

Мой отец почесал шею.

— В этой статье ты сказала о тюремной камере. Что я там проснусь. — Он наклонился ко мне: — Ты в самом деле так думаешь? Что меня посадят в тюрьму?

— Я понятия не имею. Я не знаю, чем именно ты занимался с этой... — У меня даже не получилось произнести её имя. Я опять почувствовала волну отвращения. — Я не знаю, что ты с ней делал.

Он посмотрел на меня взглядом, который я не знала.

— Ты правда думаешь, что я к ней прикасался? — спросил он. — К моей ученице? Семнадцатилетней девочке? Да я пальцем её не тронул!

— Но в интернете...

— В интернете люди кидаются друг на друга, сами не зная, о чём идёт речь! Я же хотел рассказать тебе свою версию того, что случилось, но ты уже сбежала...

— Ну и прекрасно! — ответила я злобно. — Не трогал значит не трогал. Но ты отправил ей шестьдесят семь жутко непристойных сообщений. И рассказал ей абсолютно всё обо мне и о маме! Как будто кто-то украл мой тайный дневник и прочитал его вслух всему миру! Теперь все знают о нас всё! Хотя как всё — только самые ужасные вещи. Всё, что с нами не так. И это теперь навсегда останется в интернете.

У него задрожали руки. На костяшках пальцев и на фалангах виднелись волоски, которые так раздражали Юно. Волоски, о которых теперь знали все.

— Я совершил чудовищную ошибку, — прошептал он. — И её уже не исправить, я понимаю. Это непростительно. И я действительно не знаю, как я вообще...

Я посмотрела на него и подумала: вот это мой отец.

— Прекрати ныть, — бросила я. — У меня к тебе только один вопрос. Зачем ты это сделал?

Он поправил свои редкие волосы. Я знала: мозги в этой голове лучше, чем все остальные мозги во вселенной. Тем человеком, которым для большинства людей на земле бывает мать, для меня всегда был мой отец. Моя мать за всю жизнь сменила мне, наверное, от силы пять подгузников. Он делал всё остальное. Он укладывал меня спать, водил в школу и на уроки рисования.

— Но тебе только четырнадцать... — Он покачал головой. — Я же не могу — просто есть вещи, которые нельзя обсуждать с дочерью...

— *Grow up*, — сказала я. — Я только что выжила без вас во время страшного урагана. Тут погибли люди. Я не мылась с понедельника. Так что я достаточно взрослая, чтобы это услышать. Объясни мне.

— Это на самом деле ужасно, то, что я причинил вам...

— Мы и сами в курсе!

Моя мать ничего не говорила. Она смотрела на своего мужа и на свою дочь.

— Это просто задача по математике, — сказала я. — И я её не понимаю. Объясни же мне. Что это было за уравнение? Чему равнялся икс? И что это был за игрек?

Он посмотрел на небоскрёбы вокруг нас. Парк был маленьким зелёным прямоугольником, окружённым огромными прекрасными зданиями. Гигантские башни из зеркального стекла, тёмно-коричневый дом с золотыми украшениями и вдалеке острая вершина Эмпайр-стейт-билдинг.

— Я влюбился в неё, — сказал он хрипло. — Как люди влюбляются в кинозвёзд. Без какой-то причины, но так всепоглощающе сильно. Она казалась мне невероятно красивой, я не мог отвести от неё глаз.

Я подумала о Джиме. О том, как идеально падают светлые волосы на его как будто выточенный из мрамора лоб. Каким красивым он показался мне, когда я его ещё не знала, когда он был ещё кинозвездой, а не просто Джимом.

— Я понимал, что должен взять себя в руки и совладать с собой, — сказал мой отец. — Просто подождать, когда эта влюблённость пройдёт. Потому что такие иррациональные вещи, они проходят. Но тут я вдруг заметил, что и она на меня смотрит. Она со мной флиртовала. — Он покачал головой: — Я, конечно, читал и её интервью тоже и знаю, что был просто идиотом. И это ужасно стыдно. Она просто хотела хорошую отметку, а я думал, что на самом деле ей нравлюсь. Она меня слушала. Мы разговаривали. И впервые за долгое время я почувствовал себя не таким одиноким...

Моя мать всё ещё не шевелилась. Она не сводила глаз с верхушек стройных деревьев.

— Ты что хочешь сказать? — спросила я моего отца. — Что это мы, оказывается, были виноваты?

— Нет! Конечно, нет. Разумеется, нет! — Он замешкался. — Но иногда бывает так непросто, ты же сама знаешь. Наша семья, она...

Он посмотрел на мою мать, а потом опустил взгляд.

— Ты сейчас о чём? — сердито спросила я. — Ты прекрасно знаешь, как устроена наша жизнь. Меня не было, когда вы обо всём договорились, но даже я знаю правила. И я их придерживаюсь, не так ли? Не так уж это сложно, или я не права?

— О чём мы договорились? — не понял он.

— О нашей жизни! Для мамы на первом месте её картины. А для нас на первом месте мама. Когда подписываешься под такими правилами, не надо потом ныть, что тебе одиноко!

Серо-зелёные глаза моей матери вдруг потеряли интерес к живой изгороди. Она посмотрела на меня:

— *Darling!* О чём ты вообще говоришь?

— В этом нет ничего страшного, — сказала я. — Я всё понимаю. Твои картины — прежде всего. Не у многих людей на свете есть такой талант. И я хочу, чтобы ты писала свои картины, и папа тоже этого хочет. Мы тобой гордимся. Только я считаю, что папино нытьё про одиночество — это просто глупо. Что он *fucking* один парит среди звёзд.

Она вздохнула:

— Мы все парим по одиночке среди звёзд. Это надо принять. Но если тебе в жизни удаётся найти людей, которые парят где-то рядом с тобой на досягаемом расстоянии, то надо за них держаться. — Она улыбнулась мне: — Для меня это вы, Эмилия. Без вас с папой я не смогла бы ничего создавать. На первом месте — вы, и только потом картины.

Я смотрела на неё, и я любила её. Я знала, что она говорит неправду. Без нас она через какое-то время пришла бы в себя и написала ещё много фантастически прекрасных картин. Это без краски она бы не смогла даже подняться с постели.

Я посмотрела на моего отца:

— Придурок.

— Да, он придурок, — сказала моя мать. — В этом нет никаких сомнений. А эта Юно — скучная пустышка. Но все люди совершают ошибки. И из всех, кого я знаю, его ошибка — самая ничтожная. — Она поднялась. — Давайте же пойдём наслаждаться Нью-Йорком. Я впервые за двадцать лет оказалась по другую сторону океана. Я хочу видеть город!

Меня это даже не удивило. Иногда она играла нечестно — так она вела себя с самого моего рождения. Она пользовалась тем, что она капризная творческая личность и ей можно всё. Её талант был в том, чтобы вытащить из рукава джокера в тот момент, когда ей будет удобно.

— Сядь, — сказала я. — Мы ещё не закончили.

Я терпеливо ждала, пока она, поворчав, опять не опустилась на свой стул.

— Что вообще взбрело вам в голову? Что мы сейчас просто пожмём плечами и скажем: «Ах, ну случилось и случилось! Люди совершают ошибки, это будет нам уроком». Господи, мы же не в школе! И тут нечему учиться!

Моя мать пожала плечами, и царственный воротник дёрнулся вверх-вниз.

— Ну, если в этот раз тебе не хочется извлекать для себя урок, у тебя будет ещё много других возможностей.

— Но это никакая не просто ошибка! — заорала я. — Это вся наша жизнь, которая улетела под откос! Люди в интернете хотят нас убить! У папы нет работы, и ему её теперь никто никогда не предложит. А я ни за что на свете не вернусь в эту проклятую школу!

— Я знаю, что причинил нам всем огромный вред, — сказал мой отец. — Но чего бы ты хотела, Эмилия?

— Я хочу остаться здесь.

— Ты же знаешь, что это совершенно нереально, — он говорил нарочито правильно и вежливо. — Милая, тебе всего четырнадцать. Ты не можешь поселиться тут одна, и ты знаешь, насколько твоя мать привязана к нашему дому и к своей мастерской…

— Я бы хотела этого больше всего в жизни, — холодно объявила Нора Квин.

— Чего? — спросил он.

— Я хотела бы жить в Нью-Йорке. Если Эмилия тут счастлива… Ты только представь! Я каждую неделю смогу любоваться музеем Фрика.

44

Мы позволили моей маме вытащить из рукава джокера. Мы её освободили. Разрешили ей не присутствовать больше на Серьёзном Разговоре и отпустили любоваться городом.

Мы с моим отцом пошли к Центральному вокзалу, потому что он попросил меня всё ему показать. Честное слово, он захотел пройти по маршруту, который я планировала описать в «Путешествии с подзарядкой». Он хотел услышать всё об урагане и о том, как я провела эту неделю.

Если бы я не знала его, то подумала бы, что он ведёт нечестную игру. Что он думает, будто я опять подобрею, если он будет делать вид, что ему интересно. Но, к сожалению, я знала его дольше, чем один сегодняшний день. Я знала, что сейчас он не играет. Он на самом деле хотел всё знать. Он хотел знать про Сэта, и про Эбби, и про Джима, и он хотел увидеть розетки.

Так что я повела его по холодным, продуваемым ледяными ветрами переходам к перронам. Мы вместе смотрели на розетку у самой земли. Я не могла оторвать от неё взгляд, пока не начала кружиться голова.

Нельзя сравнивать несчастья разных людей. Но если посмотреть на Землю из космоса, то «Сэнди» причинил намного больше вреда, чем шестьдесят семь сообщений моего отца. Я это знала. И пока я рассказывала ему о разорённых домах, о матери утонувших мальчиков, я это чувствовала. Пока я была в темноте, болото стало меньше. Оно никуда не делось, но к нему добавились новые части. Твёрдые скалы. Поля, где не пахло сыростью и где под ногами уже чувствовалась твёрдая почва.

Я знала, что всё изменится, когда мы вернёмся в Нидерланды. Эта страна — одно большое болото. Люди будут смотреть на меня, шептаться за спиной, показывать пальцем. Даже если мы переедем в другой город. Даже если я перейду в другую школу.

Что произошло на самом деле, трогал ли он Юно — это всё не имело значения. Значение имели только рассказанные истории. А они навсегда останутся в интернете.

— Видишь то здание? — Я показала на башню с серебристой чешуёй и орлами. — Только представь, что можно жить с ним в одном городе...

Мой отец молча покачал головой. Он ничего не хотел слышать о переезде в Нью-Йорк. Он отказывался об этом говорить. Но ему пришлось.

— Если мы переедем сюда, — сказала я, — это решит все наши проблемы.

— Это невозможно, — тут же ответил он.

— Очень даже возможно! Это же простая математическая модель, в которой всё решается одним элегантным действием. Когда что-то одно не сходится, вся модель рушится. И всё нужно заменять. Но тут же всё правильно. Всё сходится.

— Так не бывает в настоящей жизни.

Я остановилась у каменных львов библиотеки. В лучах солнца они выглядели так величественно.

— Если ты хочешь от нас уйти, — сказала я, — нужно сделать это. Тогда мы с мамой переедем в Нью-Йорк вдвоём. Мы тебя не держим. Не надо думать, что ты связан по рукам и ногам. Ты как раз вполне свободен.

Мне удавалось сохранять спокойствие только благодаря тому, что в голове я мысленно орала во всё горло: «Лузер!» Я смотрела на него и мысленно кричала: «Лузер, который выдумал, что его повязали. Детский сад! Он пускает слёзки, потому что летает один во Вселенной!»

Он посмотрел на меня очень серьёзно:

— За прошедшие дни я обдумал все варианты и все возможности. Я не хочу от вас уходить. Ни за что. Абсолютно нет. Если бы я был уверен, что так будет лучше для вас — после всего, что случилось, — тогда бы я это сделал. Но, честно говоря, я не думаю, что вы вдвоём с Норой... — Он почесал затылок. — Ты хотела бы этого? Остаться одной с мамой?

Я вспомнила разноцветные ленты порезанных холстов, которыми раньше играла, и покачала головой.

Мой отец глубоко вздохнул. Он посмотрел на белого льва и легонько похлопал его по каменной шкуре.

— В Нидерландах, — сказала я, — люди никогда не забудут, кто мы такие. А Нью-Йорк — лучший город на земле. Ты сможешь найти тут работу, я пойду в школу, где никто меня не знает, а мама будет каждый день ходить по музеям.

На широких ступенях библиотеки фотографировались жених и невеста. В лучах солнца они были такими счастливыми.

— Ты понятия не имеешь, насколько всё это сложно, — сказал мой отец. — Америка — не та страна, куда можно вот так вот запросто переехать. Нужно получить вид на жительство, и жизнь тут безумно дорогая...

— Ты всё портишь! — закричала я и встала напротив него. — Представь себе, что на свете есть что-то, что ты можешь сделать, чтобы хоть как-то исправить то, что ты натворил — с этой твоей Юно. Хоть как-то извиниться за все эти мерзкие эсэмэски и за то, что называл её самой яркой звездой на небе, когда всю жизнь для тебя этой звездой была я!

Лицо у него вытянулось.

— Эмилия...

Я не собиралась давать ему шанс опять прикинуться бедненьким.

— Так вот, представь, что такая возможность у тебя есть. Ты готов это сделать?

Морщины, которые ползли по его лбу, словно графики, стали глубже, чем раньше. Он был усталым орнитологом. Которому, может быть, больше всего на свете хотелось навсегда улечься в ложбинку в дюнах и смотреть на своих птиц.

— Ты знаешь, что я готов на всё в пределах своих возможностей, — сказал он устало.

— Тогда пообещай, — сказала я. — Пообещай, что мы выясним, насколько это возможно. Обещай, что мы попробуем.

Он кивнул.

Я посмотрела на него и пожелала самой себе никогда не влюбляться не в того человека. Я надеялась, что никогда не совершу ошибок, которые разрушат чужие жизни. Потому что когда ломаешь чужие жизни, остаётся только потихоньку лечь в ложбинку в дюнах и притвориться невидимым. А этого мне совсем не хотелось.

Я хотела жить в Нью-Йорке. Я хотела жить.

45

В последний раз я одна шла в темноту. Я не знала, как долго ещё мне удастся вытаскивать из рукава моего собственного джокера под названием «мой отец ужасно поступил, и мне теперь можно всё», но сегодня этот номер ещё сработал.

Мы с подбитым орнитологом съели на обед по гамбургеру. Потом пошли в кино, потому что Серьёзный Разговор и так слишком затянулся, а потом встретились с моей мамой в отеле «Плаза» на чаепитие с изысканными закусками. А потом я одна отправилась обратно в ночь.

Мои родители очень хотели пойти со мной, чтобы познакомиться с Сэтом и Эбби и поблагодарить их за то, что они так обо мне заботились. Благодаря Джиму я знала, что ответить: *no fucking way*. Как я уже сказала, я начала размахивать своим джокером «мой отец ужасно поступил, и мне теперь можно всё», потому что ещё неделю назад я была образцовым ребёнком, который ни разу в жизни не произнёс вслух ни одного ругательства.

Но правда: я должна была сделать это одна.

Я не стала брать такси, потому что мне нужен был холодный вечерний воздух. Мне нужно было подышать перед тем, как я попрощаюсь с нашим ураганным приютом. И с Эбби. И с Сэтом.

Я сказала моему отцу, что все наши проблемы исчезнут, если мы переедем сюда, но на самом деле я вовсе не была в этом уверена. А что, если мне действительно придётся пойти тут в школу? Местные школы действительно такие, как показывают в фильмах? С безжалостной иерархией чирлидерш, неформалов и ботанов? Я знала, что Сэта уже трижды побили, а Эбби парила на седьмом небе от счастья, когда узнала, что школы на этой неделе не будут работать ещё один день.

Смогу я выжить на этом поле подростковых побоищ?

А моя мать на самом деле хочет тут жить или у неё через три месяца начнётся невыносимая ностальгия?

Я вдруг подумала о статуе Свободы. Этой зелёно-серой женщине, которая стояла на своём острове к югу от самой южной точки Манхэттена. В полной темноте. Я подумала обо всех иммигрантах, которые давным-давно бросили всё в Европе и начали тут жизнь заново. Три недели они провели в пути на своих кораблях, а потом наконец-то добрались до гавани. И первое, что они увидели с палубы, был горящий факел *Lady Liberty*.

Я не знала, смогу ли когда-нибудь стать такой же смелой. Но знала, что что-то во мне изменилось. Когда две недели назад я сомневалась, то сразу же думала: лучше не буду этого делать.

А теперь думала: я это сделаю. Давайте попробуем.

Я остановилась и удивлённо посмотрела по сторонам. Может, я запуталась в номерах улиц? Ведь тут давно должна была начаться темнота. Я пошла к Двадцать пятой улице. К Двадцать четвёртой. И вдруг всё поняла. Это вчера здесь было темно. А теперь огни снова зажглись. Горели уличные фонари, работали светофоры — электричество вернулось!

Это было что-то невероятное. Всё выглядело так, будто темноты никогда и не было. Освещённые витрины, неоновые буквы, мигающие светофоры — всё как положено в центре мира.

Я почти бежала. В последние дни я то и дело проверяла интернет, искала новости о *blackout*. Я узнала об электроснабжении Нью-Йорка больше, чем когда-либо о том, как это работает в Нидерландах. Я узнала, что они будут подключать электричество по участкам. Дом за домом.

Неужели всё починили? Или Сэт и Эбби до сих пор сидят в темноте?

Я почти не дышала, только шла вперёд и вперёд. У каждой новой улицы я боялась, что опять начнётся тьма. Но до самой Юнион-сквер свет горел. А потом разница между единицей и нулём стала огромной как никогда: дома слева от Бродвея сверкали всеми цветами, а дома справа от улицы были всё ещё темнее тёмного.

Я прошла как раз по границе. Ни одного дома не было между нулём и единицей, а я была.

Я шла всё дальше и дальше, проникая в Манхэттен. И потом оказалась на улице Сэта и Эбби. И засмеялась во весь голос. Впервые за сто часов я увидела их дом в ярком свете фонарей. Я могла просто нажать на кнопку звонка. Это было настоящее чудо. И вдруг я ужасно занервничала. Их мама наверняка уже дома. И что я должна ей сказать? И как мне вообще попрощаться?

Сэт открыл дверь. Волосы у него были мокрые, и на нём был синий свитер, который я ещё не видела.

— Электричество дали! — завизжала я.

Он кивнул:

— В пять часов всё вдруг опять включилось. Вода полилась, вся техника замигала, телефон у меня запищал...

— А твоя мама? — спросила я. — Она же уже вернулась?

— Они с Эбби отправились за покупками. А Джим ушёл к себе на ту сторону.

Значит, дома никого не было. Никого, кроме Сэта.

Я посмотрела на его тёмные глаза, и на его короткие взлохмаченные волосы, и на его ботинки с аккуратно завязанными шнурками — и почувствовала, что мои коленки вдруг задрожали.

— Ты, конечно, расстроилась, — сказал он.

— Почему?

— Потому что Джима тут нет. Вы же с Эбби на пару втрескались в него.

— Я — нет, — сказала я, немного запыхавшись. — Я не втрескалась в Джима.

Сэт насупился:

— Но он же такой красивый. И такой мегакрутой.

— Конечно, он красивый. И крутой. И забавный. — Я посмотрела в пол. — И честно говоря, я думала, что в него втрескаюсь, да. Но не втрескалась...

Я опять подняла взгляд на Сэта, но в тот момент, когда я хотела ещё что-то добавить, он уже развернулся и пошёл наверх по лестнице. Я едва поспевала за ним, потому что он шёл очень быстро. Почти бежал.

В квартире опять стало тепло. Догоревшие свечки были убраны, крошки подметены, а половина грязной посуды уже перемыта.

Мы стояли друг напротив друга. При свете.

Я вдруг подумала, зачем кому-то понадобилось изобретать лампочку. Что не так было со свечами?

Электрический свет слишком яркий. Мы видели друг друга так отчётливо, что боялись смотреть.

— Я соберу свои вещи, — сказала я быстро. — Сегодня я буду ночевать с родителями, так что через пять минут уйду. И ты сможешь продолжить мыть посуду.

В спальне я быстро побросала всё в чемодан, даже не складывая и не размышляя над тем, могут ли касаться друг друга носки и трусы. Всё равно всё было грязное. На кухне позвякивали стаканы. А потом вдруг стало тихо.

— Тебе ещё нельзя уходить, — сказал Сэт.

Он стоял на пороге.

Я хотела что-то ответить, но он меня опередил:

— Эбби убьёт меня, если я отпущу тебя просто так. И моя мама очень хотела с тобой увидеться. — Он неловко махнул рукой: — Присядь пока. Может, хочешь чаю? — А потом вздохнул: — Ладно, я сам не знаю, что случилось. Всё вдруг стало так странно, когда ураганный приют закрылся. Я не знаю, что сказать.

Я нервно хихикнула:

— Ты никогда этого не знал.

К счастью, он сделал вид, что не расслышал.

— Но мне, конечно, хочется обо всём узнать, — сказал он. — Как всё прошло с твоим отцом?

Мы вместе пошли на кухню и сели. Коленки у меня всё ещё тряслись.

— Рассказывай, — произнёс он.

Я посмотрела на чистую белую кухонную стойку.

— Мой отец — лузер, который влюбился в семнадцатилетнюю девчонку. Понятия не имею, смогу ли я когда-нибудь относиться к нему по-другому. Но это его проблема. Хотя, конечно, и моя проблема тоже… Но она уже не такая ужасная.

Похоже, Сэт забыл, что собирался ставить чай.

— То есть ты уже не против того, чтобы вернуться домой?

— Ну... В общем, у нас неожиданно возник план. Это пока не точно. Но план в том, чтобы переехать в Нью-Йорк.

Он ещё никогда не выглядел таким ошарашенным.

— Что такое? — удивлённо спросила я. — Мне нельзя переезжать сюда жить?

— Конечно, можно. — Я видела, как он растерялся. — Но ты же из Нидерландов. Я всё время говорил себе, что ты тут не останешься. Что ты просто... хм... туристический... персонаж.

Теперь я уже даже чувствовала, что электричество вернулось, потому что в воздухе летали искры.

— Это ещё совсем не точно, — сказала я. — Нам сначала нужно получить вид на жительство. Моя мама должна продать достаточно картин, чтобы у нас были деньги. А мой отец должен перестать забиваться в угол, как перепуганная птичка.

Не говоря ни слова, Сэт налил воды в чайник. Всё это время он стоял ко мне спиной.

Я встала и подошла к окну. Фонари горели, значит, я смогу увидеть, когда Эбби с мамой вернутся из супермаркета. Но на освещённой улице не было ни души.

— Так глупо, — сказала я. — Знаешь, мне ужасно хотелось послушать ту радиопрограмму со всеми песнями, которые помогли нам продержаться в ураган. Но теперь ведь включили свет, так что они их, наверное, больше не передают.

— Ты хочешь послушать музыку? — Сэт обернулся. — Мой ноутбук работает...

Я пожала плечами:

— Давай.

Я пошла за ним в его комнату. Над кроватью висел постер с женщиной с двумя лицами. А вон там он стукнул кулаком в стенку, когда я спросила о его отце.

— Что ты хочешь послушать?

Мне даже не надо было думать:

— «Осеннюю песню». Но сначала ту, другую. *Everything's Gonna Be All Right*.

Он посмотрел на пол:

— Ты же понимаешь, что это просто песня. Её просто придумали. На самом деле не всё будет хорошо.

— Знаю, — сказала я. — Но мне, вообще-то, нравится то, что происходит на самом деле. Как всё складывается.

— Но если бы... — Он опять растерянно замолчал и закатил ногой под кровать пару болтиков. — Если бы ты могла выбирать, что произойдёт... — Он посмотрел на меня: — Ты бы выбрала, чтобы Эбби сейчас вернулась домой? Или пусть она подольше задержится?

Я чувствовала, как потрескивает электрический ток в проводах. Это был не фильм. Всё было по-настоящему — со всеми опасностями и риском.

— Я бы выбрала, чтобы они вернулись попозже, — сказала я.

Он повернулся к компьютеру. Я села на кровать, которая при свете оказалась гораздо более пыльной и помятой, чем я могла себе представить в темноте. Но какая разница. Я же сидела тут раньше. И до сих пор жива.

Сэт кликнул мышью, и началась песня.

Don't worry about a thing, 'cause every little thing is gonna be all right...

Он сел рядом со мной на кровать, между нами оставалось как минимум полметра. Мы оба сидели, прижавшись спиной к стене, и слушали, не шевелясь и не двигаясь в такт. Сердце у меня колотилось.

— Это просто смешно, — сказал он через некоторое время.

— Я знаю, — сказала я.

Он всё ещё смотрел прямо перед собой.

— Серьёзно, я не собираюсь тебя целовать, даже не думай.

— Фу, — сказала я. — Какое счастье.

Мы замолчали. А потом, когда началась «Осенняя песня», я всё это себе представила. Как он садится ко мне ближе. Как он берёт меня за руку. Как я чувствую его тёплую кожу, а не бактерии. Я представила, что его лицо становится всё ближе и я дрожу от волнения. Что я вижу его глаза совсем рядом и между нами нет никакого запотевшего окошка.

Я представила, что мы вместе летим среди звёзд. Мы не одиноки, и мы не на недосягаемом расстоянии, мы совсем рядом. Совсем близко.

— Я знаю, почему всё так странно, — сказала я. — Надо выключить свет.

Он кивнул:

— Я тоже об этом подумал.

Литературно-художественное издание
для старшего школьного возраста

Анна Вольтц

СТО ЧАСОВ НОЧИ

Ответственный редактор *Екатерина Сорокина*
Литературный редактор *Мария Выбурская*
Художественный редактор *Юлия Прописнова*
Корректор *Ксения Казак*
Верстка *Максима Залиева*

Подписано в печать 03.12.2020.
Формат издания 127×200 мм.
Печать офсетная. Тираж 6000 экз.
Заказ № 126517.

Издательство «Поляндрия Принт».
197342, Санкт-Петербург, Белоостровская ул., д. 6,
лит. А, помещение 30-Н часть пом. 2.
www.polyandria.ru, e-mail: info@polyandria.ru

Страна-производитель — Латвия
Наименование производителя — Sia Pnb Print
Юридический и фактический адрес производителя —
«Jansili», Silakrogs, Ropazu Novads, LV-2133, Latvia
Импортёр / дистрибьютор — ООО «Поляндрия Принт»
Юридический адрес импортёра / дистрибьютора —
Россия, 197342, Санкт-Петербург,
Белоостровская ул., д. 6, лит. А, помещение 30-Н часть пом. 2.
Наименование и вид продукции — книга для детей
Дата изготовления — 03.12.2020.
Торговая марка — «Поляндрия»